50 Rezepte aus dem Foodtruck

Wir widmen dieses Buch allen Lebewesen, die in der Vergangenheit, heute und in Zukunft aufgrund (unnötiger) menschlicher Interventionen nicht mehr mit ihrem individuellen Dasein am Leben teilnehmen dürfen.

Gewidmet allen Vincis – ob aktuell beschäftigt oder nicht.
Einmal Vinci, immer Vinci!

50 Rezepte aus dem Foodtruck

Fotos Maria Brinkop

Inhalt

8	Vor-Vince
12	The Story behind Vincent Vegan

18 HAPPY FRÜHSTÜCK
20	Christian
36	Carina
40	(Un)Wissenswertes
42	Merle

46 POWER FÜR JEDEN TAG
48	Natalie
64	Dressing-Ideen
66	Daniel

76 REAL FAST FOOD
100	Fleischersatz
104	Dips, Saucen, Pestos `n` Friends

108 SOULFOOD
114	Caro
128	Robby
140	Gewürze
142	Topi

148 SÜSSE SÜNDEN
158	Aline
168	Vincents Drinks

172	Das Team
174	Nach-Vince
176	Register
183	Impressum

#weilveganisso

Vor-Vince

Laut wissenschaftlichen Fakten ist das Universum, in dem sich unsere Erde befindet, circa 13,8 Milliarden Jahre alt. Unsere Erde selbst blickt in diesem Zuge übrigens auf ungefähr 4,6 Milliarden Lenze zurück. Skaliert man die 13,8 Milliarden Jahre des Universums runter auf ein Jahr – das heißt 0:00 Uhr am 01.01. ist Beginn der Zeit (Urknall) und 24:00 Uhr der heutige Tag –, dann trat der Homo sapiens (Mensch) erst in den letzten Minuten beziehungsweise Sekunden in Erscheinung. Unsere Vorfahren zeichneten am 31.12. um 23:59:00 Uhr das erste Bild an eine Höhlenmauer. 23:59:46 Uhr desselben Tages, also vor 14 Sekunden, erfanden die Menschen die erste Schrift. Jesus Christus wurde vor 5 Sekunden geboren. Vor 2 Sekunden, also 23:59:58 Uhr des 31.12., entdeckten sich die zwei Hälften der Welt gegenseitig.

GUT ZU WISSEN, ABER WAS SOLL DAS IM VORWORT EINES KOCHBUCHS?

Die Menschheit hat eine rasante, erstaunliche und mit einigen Abstrichen wertvolle Entwicklung hinter sich. Daraus resultiert die Tatsache, dass wir Menschen dazu neigen, uns wichtiger zu nehmen, als wir wirklich sind. Innerhalb kürzester Zeit* haben wir es geschafft, die natürlichen Ressourcen von Mutter Erde auszubeuten, und uns dabei selbst zur Krone der Schöpfung auserkoren. Bricht man aber alle Fakten herunter, braucht die Erde die Menschen nicht – im Gegenteil: Es würde ihr sehr guttun, wenn wir auf einmal weg wären. Wir hingegen sind abhängig von Mutter Natur und können – Stand heute – nicht ohne sie existieren. Sieht man die Erde als unser großes Zuhause an, kann man sicher nicht behaupten, dass wir die Redewendung „Don't shit where you eat." wirklich ernst nehmen. Wir nehmen sie eher beim Wort – und handeln genau entgegengesetzt. Das Karma der Menschheit ist derzeit voll negativer Einflüsse und wir werden lange zu tun haben, um das umzukehren. Aber: Es ist nicht zu spät! Wenn wir verstehen, dass Veränderungen notwendig sind!

* Tatsächlich innerhalb von einigen Sekunden, um bei unserem Beispiel zu bleiben.

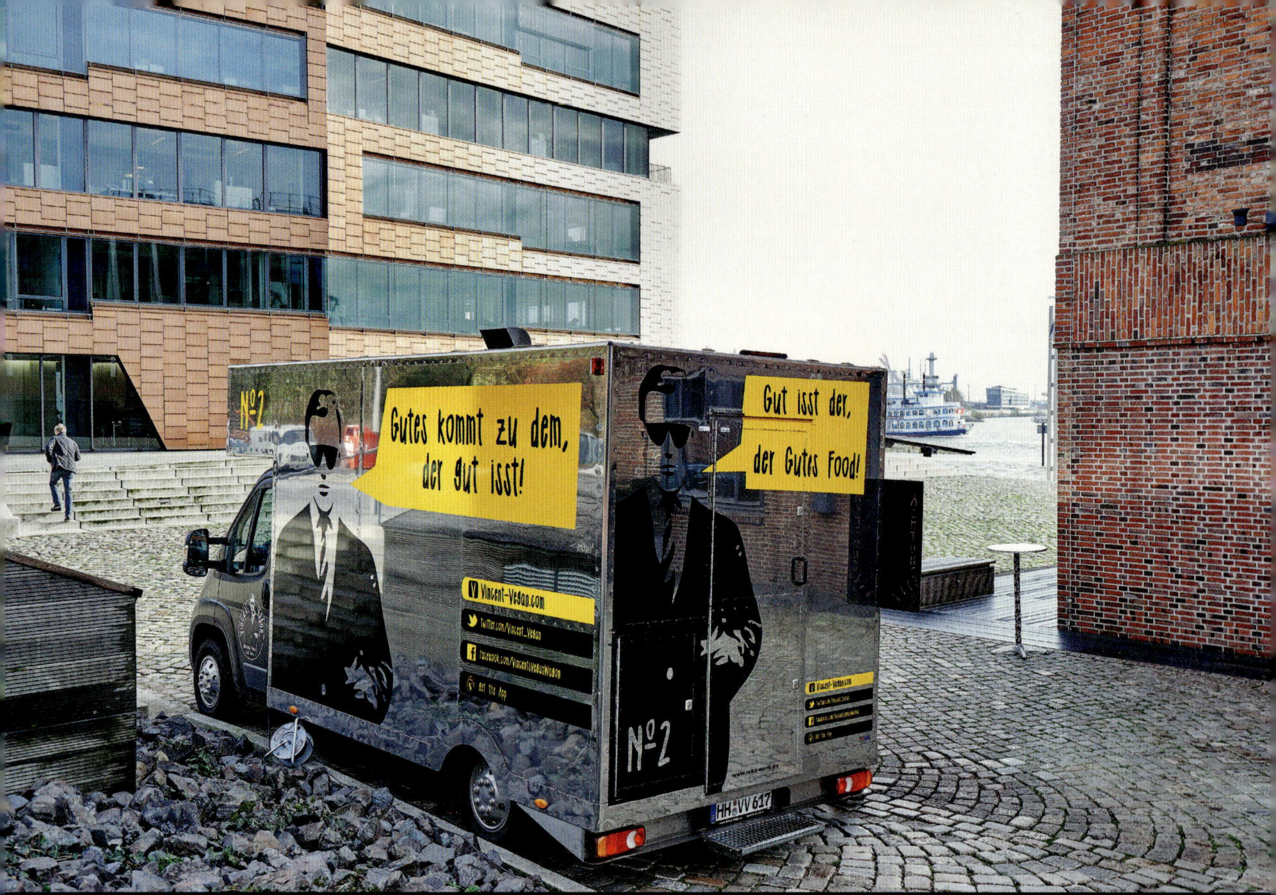

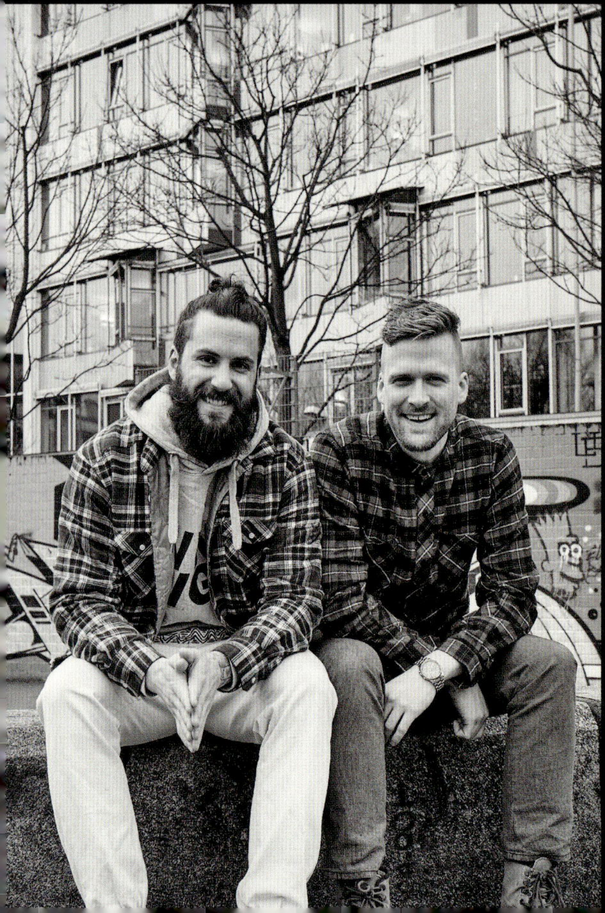

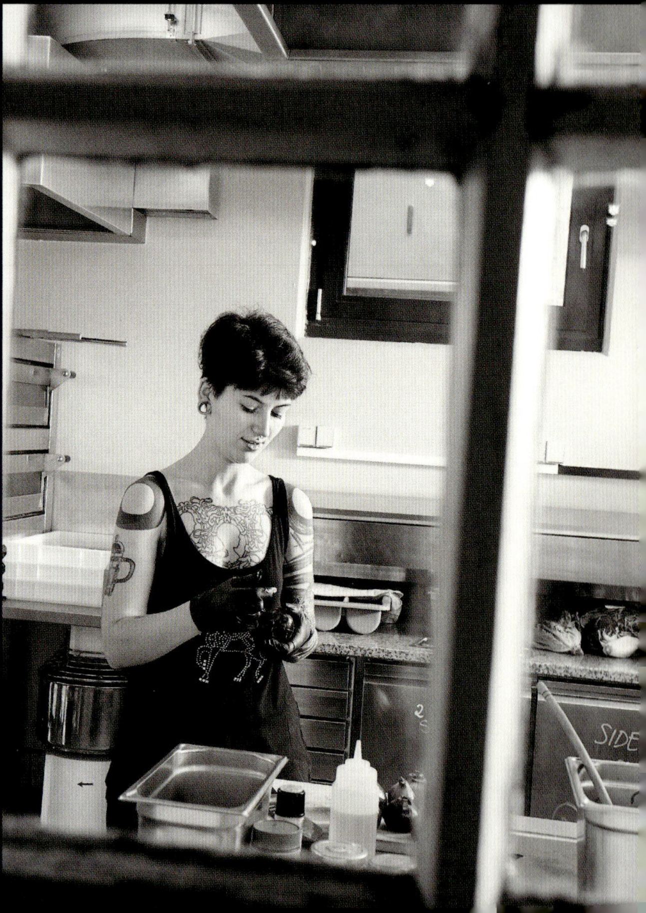

Es ist eigentlich ganz simpel. Jede Aktion löst eine andere (Re-)Aktion aus. But here's the good news: nicht nur in negativer, sondern auch in positiver Form. Das heißt für uns, dass wir alles, was passiert und existiert, als das ansehen sollten, was es wirklich ist, nämlich MITEINANDER VERBUNDEN! Jeder Mensch, jedes Lebewesen ist ein Glied in der Kette des Lebens. Bricht man einzelne Glieder heraus, wird die Kette nutzlos und zerreißt. Wir Menschen müssen uns darüber klarwerden, dass wir nicht mehr wert sind als die unzähligen Lebewesen, die täglich grundlos aus dem Leben gerissen werden, um unter anderem unseren prähistorischen Hunger auf totes, von Natur aus neutral schmeckendes Fleisch zu stillen. Obwohl es – und das ist der ALLES ENTSCHEIDENDE Punkt – Alternativen gibt.

WAS HAT DAS MIT VINCENT VEGAN ZU TUN?

Sehr viel! Denn ja, einerseits versuchen wir Vincis schon, auf die eine oder andere Weise cool zu sein, smooth rüberzukommen und locker durch die Hose atmend durch die Straßen zu gleiten – und schaffen das auch meistens. Andererseits wissen wir alle, wofür wir unseren Job machen und warum wir tun, was wir tun. Der pflanzliche Lebensstil löst nicht umgehend ALLE Herausforderungen der Menschheit. Er lehrt aber vor allen Dingen eines: Respekt vor dem Leben.

Wir glauben zu wissen, dass dieser Umstand sehr wohl zu einer besseren Welt beitragen kann.

The Story behind Vincent Vegan

Um Vincent Vegan ranken sich diverse Erzählungen. Da gibt es die eine Geschichte – nennen wir sie „The mind believes what the eyes can see" –, die die vermeintliche Realität widerspiegelt. Dann gibt es die andere Geschichte – nennen wir die „The heart knows what the eyes can't see". Diese beschäftigt sich vor allen Dingen mit Mythen und Legenden rund um Vincent Vegan. Eine einzigartige und konkrete Wahrheit wird es nicht geben, denn die hängt vom Blickwinkel jedes einzelnen Individuums ab.

„THE MIND BELIEVES WHAT THE EYES CAN SEE"
Christian Kuper wusste lange Zeit nicht, welcher Antrieb ihn zu welcher Art von Leben bringen wird. Auf die Hobbys fokussierend, wählte er oft den sicheren Weg und nutzte seine ausreichende Intelligenz, um eine kaufmännische Lehre und das anschließende Studium abzuschließen. Einige Jahre in einer Unternehmensberatung inklusive eines knapp verhinderten gesundheitlichen Totalschadens waren schließlich Anreiz genug, um der immer dagewesenen Intention nachzugehen und sein eigener Herr zu werden. Nur die Ideen im Kopf waren konfus und noch nicht zielführend ...

Schließlich kam es, dass der Wunsch nach Selbstständigkeit mit dem Wunsch, etwas Wichtiges und Sinnvolles zu machen, einherging. Der eigenen Einstellung und Überzeugung folgend, wurde die Idee zu Hamburgs erstem veganem Food Truck namens „Vincent Vegan" geboren. Und ja, es ist natürlich absurd zu denken, dass Vincent Vegan an Vincent Vega aus dem Film „Pulp Fiction" von Quentin Tarantino angelehnt ist.

Im Vordergrund des Geschehens standen der (bis dahin) einzigartige Food Truck, die rein pflanzlichen Fast-Food-Gerichte und die Marke als solche, die einfach cooler und lockerer daherkommen sollte als der Gründer und Ideengeber selbst.

Die Ziele waren von vornherein klar und deutlich formuliert: die Menschen mit gutem Essen und Freundlichkeit überzeugen. Eine Marke aufbauen, die das Potenzial hat, groß und ein fairer Arbeitgeber zu werden, bei dem es Spaß macht zu arbeiten, bei dem man sich entfalten kann und die Möglichkeit hat, eine notwendige Veränderung auf dieser Welt zu befeuern.

Mit Zuversicht im Herzen und Feuer in der Seele wurden die ersten Monate im Zweierteam – Christian und Ally (Vinci der ersten Stunde und leider nicht mehr an Bord. DANKE, ALLY, FÜR ALLES!) – abgerissen. Schnell fügte sich eines zum anderen und Topi stieß als Vinci Nummer drei zum Team und ist seitdem einer der besten Freunde und engsten Vertrauten von Christian.

V stands Vegan

Vincent-Vegan.com
twitter.com/Vincent_Vegan
facebook.com/VincentVegan

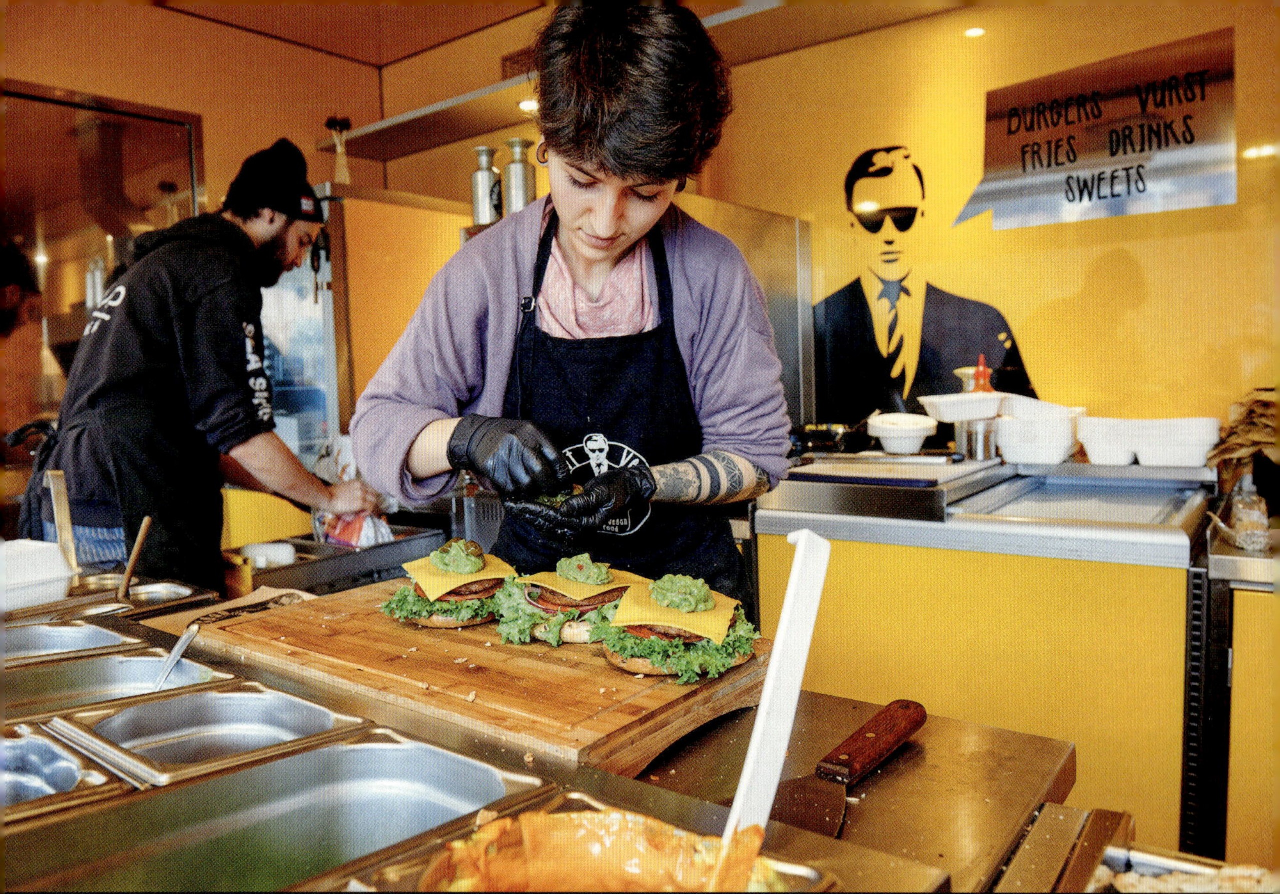
BURGERS WURST
FRIES DRINKS
SWEETS

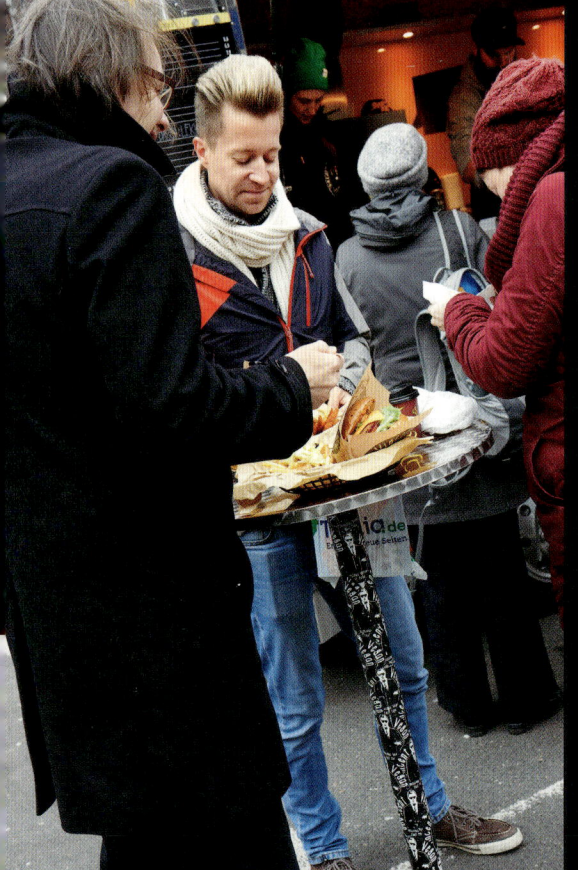

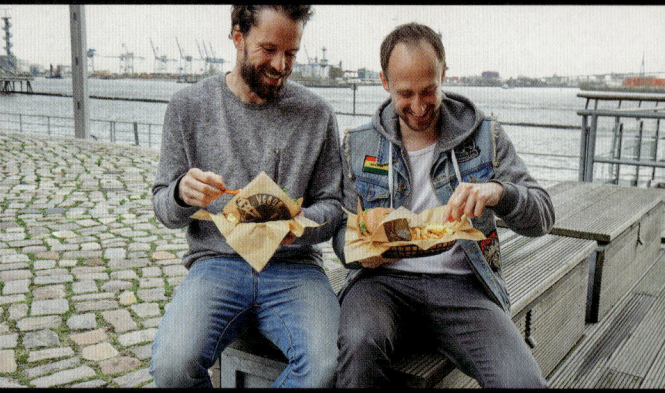

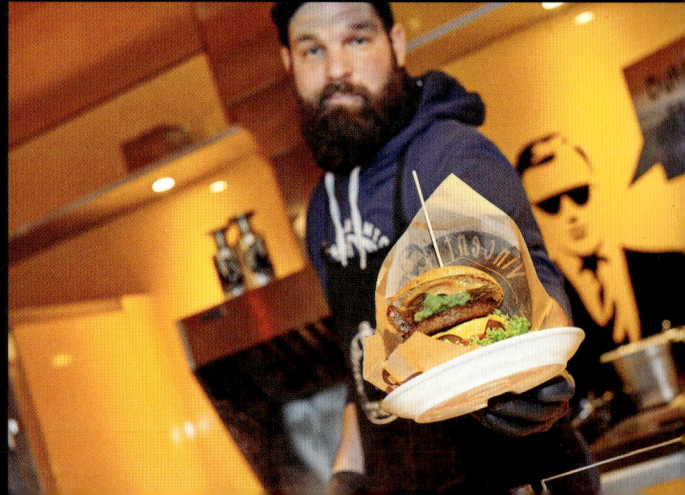

Dieses Dreierbündnis mündete schließlich unter anderem in der TV-Show „Restaurant Startup", die Vincent Vegan souverän für sich entschied und damit andere, konventionelle Food-Konzepte distanzieren konnte. Der Lohn war Aufmerksamkeit – und Carsten als neuer „Partner" im Boot, der seitdem mit Rat und Tat zur Seite steht.

Topi wurde nicht zuletzt aufgrund seiner Verdienste Mitgesellschafter und zweiter Geschäftsführer. Truck Nummer zwei folgte. Ab Frühling/Sommer 2015 entwickelte sich ein wundervolles Team, das in diesem Buch nur teilweise vorgestellt wird und noch fast komplett dabei ist.

Im Sommer 2015 machte Vincent Vegan einen weiteren großen Schritt mit der Eröffnung von #thebase, einer festen Restaurant-Location, die zudem als Vorbereitungsküche für die Food Trucks, als Büroplatz und Lagerraum fungiert. #thebase ist auch kulinarisch von den Trucks zu unterscheiden, da dort noch mehr Zeit für das Essen aufgewendet und eine weitaus größere Speisenauswahl präsentiert wird (dieses Buch verdeutlicht das).

Was die Zukunft bringt, kann aktuell nur geplant werden. Dieser Plan jedoch sieht Großes vor. Neben diesem wunderbaren (und hoffentlich nicht ersten und letzten) Kochbuch sollen eigene Produkte in den Einzelhandel gebracht, die Truckflotte soll ausgebaut und auch #thebase mehr und mehr bespielt werden. Von der einen oder anderen Überraschung ganz zu schweigen.

Vincent Vegan hat tolle, interessante und sehr individuelle Menschen versammelt, die – obwohl total verschieden – genau wissen, warum sie jeden Morgen losfahren, auch wenn es manchmal schwerfällt und hart sein kann. Alle wissen um die Herausforderungen, die uns erwarten. Aber auch um die Chancen, die uns geboten werden. Mit dem festen Glauben daran, die eigene Überzeugung ohne Fluchtwege vertreten zu können, schreiten wir weiter voran und nehmen uns selbst dabei nicht zu ernst. Vielleicht – und genauso simpel könnte es sein – ist das das Geheimnis, das Vincent Vegan zu Vincent Vegan macht.

„THE HEART KNOWS WHAT THE EYES CAN'T SEE"

Vincent Vegan ist ein Kind des Universums. Geboren aus Licht, Liebe und einer gehörigen Portion Smoothness, wandelt er seit ewigen Zeiten von Galaxie zu Galaxie, von Planet zu Planet, um vom Weg abgekommene Zivilisationen zu unterstützen. Jede von Vincent besuchte Zivilisation hat dabei ihre ganz eigenen Sorgen und Nöte. Im Kern gibt es für Vincent jedoch wenige Unterschiede, denn er versucht, alle Herausforderungen mit einem offenen Geheimnis zu lösen: Do some good stuff, have respect and be cool about it!

Manchmal, jedoch sehr selten, sieht man Vincent in Gestalt einer Person. Einige Menschen hatten die Ehre, dieses seltene Ereignis zu erleben – ja, man sagt sich, jeder Vinci trifft ihn mindestens ein Mal. Meistens jedoch ist Vincent Vegan eine formlose Gestalt, eine energievolle Idee, die sich unaufhaltsam ihren Weg bricht. Seit Urzeiten schlummert diese vincentische Energie im Universum. Da Energie niemals verloren geht, war es nur eine Frage der Zeit, bis sie sich ausbreitet und auch die Erde besucht.

Die pflanzliche Bewegung, die einen Großteil der vincentischen Energie ausmacht, ist ein Puzzlestück zu einem grundsätzlichen Verständnis von Miteinander und soll uns Menschen lehren, dass man nur richtig cool und lebendig sein kann, wenn man das Leben als solches wertschätzt. Es ist der Weg, den es an der Zeit ist zu gehen.

Vincent zeigt uns den Weg. Gehen müssen wir ihn selbst!

Happy Frühstück

VOM SMOOTHIE BIS ZUM VURSTBROT

CHRISTIAN

SEIT WANN BIST DU EIN VINCI?
Buchstäblich von Geburt an, zumindest in diesem Leben.

UND WARUM ÜBERHAUPT? „BRAUCHTE EINEN JOB" ZÄHLT AUCH.
Ich habe Vincent nicht ausgewählt. Vincent hat mich ausgewählt.

WER ZUM TEUFEL IST EIGENTLICH VINCENT?
In der veganen Mythologie ist Vincent der Sohn des Coolinos, des Gottes der Coolness, und der Universina, der Göttin des Glaubens an die Verbundenheit und Gleichstellung aller Lebewesen auf diesem Planeten.

WIE BEZIEHUNGSWEISE WO HAST DU IHN KENNENGELERNT?
Es gab Anzeichen seiner Existenz. Zeit meines Lebens wusste ich, Zeichen zu deuten. Im Alltag. In meinen Träumen. In verschlüsselten Nachrichten. Die Abstände dieser Zeichen wurden mit zunehmendem Alter immer kürzer. Bis ich eines Tages vor ihm saß. Wie auch immer ich dort hingekommen bin. Wo auch immer ich war. Er sagte zu mir: „Das ist deine letzte Chance. Danach gibt es kein Zurück. Nimm diesen herkömmlichen Burger – und die Geschichte endet, du wachst in deinem Bett auf und glaubst, was du auch immer glauben willst. Nimm diesen rein pflanzlichen Burger – und du bleibst hier im Wunderland und ich werde dir zeigen, wie tief das Kaninchenloch reicht …"

DU ERFÜLLST GENAU WELCHEN ZWECK BEI VINCENT VEGAN?
I just have to be water, my friend. Damit alles im Fluss bleibt.

WARUM REIN PFLANZLICH?
Die Zeit und die Evolution haben noch so einiges mit uns vor. Sofern die Menschheit auf diesem Planeten eine Zukunft hat, glaube ich fest daran, dass diese nicht vom Ausbeuten anderer Lebewesen bestimmt ist beziehungsweise sein kann. Eher das Gegenteil wird der Fall sein. Einfach weil es das Richtige ist.

LIEBLINGSFUTTER?
Kichererbsen und/oder Linsen und/oder Avocados plus Kurkuma müssen dabei sein. Dann ist es meistens etwas, was ich mag.

WAS SOLLTE DIE WELT VON DIR ERFAHREN BEZIEHUNGSWEISE LERNEN?
„One love, one blood.
One life, you got to do what you should.
One life with each other: sisters, brothers.
One life, but we're not the same.
We get to carry each other, carry each other."

Für etwa 500 ml

CHRISTIANS VAKE-UP-VINCENT-SMOOTHIE

ZUTATEN

3 Bananen, grob geschnitten
3 ungezuckerte, entsteinte Datteln, grob geschnitten
2 EL ungesüßtes Kakaopulver
20 g gemahlener Kaffee
300 ml Sojamilch (z. B. Provamel)
1 großes Glas Eiswürfel

ZUBEREITUNG

Alle Zutaten in einen Mixer geben und pürieren. Der Mixer sollte ganz gut Power haben, nicht zuletzt wegen der Eiswürfel.

Feddich!

Das Ding eiskalt an einem lauen Sommermorgen – einfach geil!

Für 1 Brotlaib

CHRISTIANS EASY-CHIA-LEINSAMEN-WALNUSS-CHILI-DINKELVOLLKORNBROT

Kurz: E.C.L.W.C.D.-Brot

ZUTATEN

1 Pck. natürliche Trockenbackhefe
2 EL Essig
1 ½ TL Salz
125 g Leinsamen
75 g Walnüsse
3 TL Chiliflocken
500 g Dinkelvollkornmehl
2 ½ EL Chiasamen
Sojabutter o. Ä. zum Einfetten der Form

ZUBEREITUNG

400 ml Wasser in eine Rührschüssel geben. Hefe, Essig und Salz hinzufügen und durchmischen (mit Löffel wäre gut), bis sich die Hefe aufgelöst hat.

Dann restliche Zutaten dazugeben und mit dem Knethaken des Handrührgeräts durchmischen. Der Teig sollte klebrig-feucht sein. Ist er zu trocken, kann mit einem Schuss Wasser experimentiert werden.

Eine Brot- oder Kuchenbackform einfetten. Den Teig gleichmäßig darin verteilen und 20 Minuten an einem warmen Ort stehen lassen – der auf 50 °C Umluft vorgeheizte Backofen ist dafür optimal.

Den Backofen auf 180 °C Umluft vorheizen. Das Brot etwa 50 Minuten backen. Dann einen ersten Test starten, ob es fertig ist: Holzstäbchen einstechen, wenn keine Reste am Stäbchen kleben bleiben, ist das Brot gut.

Das Brot herausnehmen und abkühlen lassen (oder auch nicht).

Feddich!

Das Ding warm essen ist gross!

Für 3–4 Personen

NATALIES SCRAMBLED TOFU-"RÜHREI"

Tatsächlich habe ich keine Ahnung, wie Rührei schmeckt. Ich habe noch nie echtes Rührei gegessen. Dieses Rezept ist also viel eher ein „Wie ich mir Rührei vorstelle"-Scrambled-Tofu. Zum ausgiebigen „Mach jeden Tag zum Sonntag"-Frühstück gehört es auf jeden Fall dazu.

ZUTATEN

250 g Naturtofu
125 g Räuchertofu
etwas neutrales Öl zum Anbraten
1 mittelgroße Zwiebel
1 gestrichener TL Kurkuma
1 TL hefefreie Gemüsebrühe
½ TL Salz
1 TL Apfelessig
frisch gemahlener Pfeffer
1 kleines Bund Dill, Fähnchen abgezupft und gehackt

ZUBEREITUNG

Den Naturtofu nicht abgießen, sondern mit der Flüssigkeit in eine Schüssel geben. Den Räuchertofu dagegen abgießen, in kleine Würfel schneiden und ein paar Minuten im heißen Öl – am besten in einer beschichteten Pfanne – knusprig braten. Dann die Zwiebel in etwa genauso große Stücke schneiden, dazugeben und anschwitzen, bis sie glasig sind.

In der Zwischenzeit beginnt der richtige Spaß: den Naturtofu 1–2 Minuten mit der Hand kneten, so lässt er sich am besten krümeln. Den gescrambelten Tofu nun ebenfalls in die Pfanne geben und bei mittlerer bis hoher Temperatur unter gelegentlichem Rühren etwas anbraten.

In einem Glas 100–150 ml Wasser mit Kurkuma und Gemüsebrühe mischen – die Wassermenge variiert von Tofu zu Tofu: Bei einem eher weichen, wässrigen wird nicht so viel benötigt, bei einem trockenen, krümeligen eher etwas mehr.

Sobald die Tofu-Zwiebel-Mischung in der Pfanne nicht mehr in Flüssigkeit schwimmt, die Temperatur einmal ordentlich hochdrehen. Kurz nachdem alles richtig angefangen hat zu brutzeln, mit der Gemüsebrühe-Kurkuma-Mischung ablöschen. Die Temperatur wieder auf etwa zwei Drittel herunterdrehen. Mit Salz abschmecken.

Das Ganze in der Pfanne lassen, bis die Flüssigkeit komplett eingezogen ist oder sich verflüchtigt hat. Nun den Apfelessig einrühren, wenn keine weitere Hitze mehr dazukommt – am besten die Resthitze der Herdplatte benutzen. Mit Salz, Pfeffer, Essig und Kurkuma abschmecken, gehackten Dill dazu. Voilà!

Passt super zu angebratenen Pilzen und Spinat oder einfach mit Tomate und Pilzaufstrich zu noch warmen Brötchen.

Für etwa 450 ml

MERLES ALMOND MC CHOC

ZUTATEN

5 Datteln, grob geschnitten
1 EL ungesüßtes Kakaopulver
2 EL Mandeln
1 TL Maca
100 ml Kokosmilch
200 ml Mandelmilch

ZUBEREITUNG

Alle Zutaten in den Mixer geben und pürieren.

Simple as that!

Für 12 lütte* Pfannkuchen
* Auf Hochdeutsch „kleine".

CARINAS PFANNECAKES MIT SCHOKO-PEANUT-SAUCE

Glutenfrei und healthy.

ZUTATEN PFANNECAKES

150 g Reismehl
120 g Haferflocken, geschrotet
2 TL glutenfreies Backpulver
½ TL Salz
2 TL gemahlenes Vanillepulver
250 ml Pflanzenmilch
(gern auch mal Schoko-Reis o. Ä.)
2 EL Agavendicksaft oder Kokosblütenzucker
2 mittelgroße Bananen
etwas Kokosöl zum Braten

ZUTATEN SCHOKO-PEANUT-SAUCE

2 mittelgroße Bananen (optional gefroren)
1 gehäufter EL ungesüßte Erdnussbutter
1 gehäufter EL ungesüßtes Kakaopulver
200 ml Schoko-Pflanzenmilch
oder normale Pflanzenmilch

ZUBEREITUNG PFANNECAKES

Die trockenen Zutaten (Reismehl, Haferflocken, Backpulver, Salz und Vanillepulver) mischen und getrennt davon feuchte Zutaten (Pflanzenmilch, Agavendicksaft, Bananen) vermengen – gern auch im Mixer.

Trockene und feuchte Zutaten miteinander vermengen. Kokosöl in der Pfanne zerlassen und den Teig portionsweise als Pfannecakes bei mittlerer Temperatur von beiden Seiten anbrutzeln, bis sie ein bisschen Farbe annehmen. Warm stellen.

ZUBEREITUNG SCHOKO-PEANUT-SAUCE

Alle Zutaten vermischen und mixen, bis die Sauce schön cremig ist.

Am besten mit frischen Früchten in einem Riesenstapel servieren.

Obendrauf geht auch Ahornsirup "se old feschn wey". Im Sommer: Frische Beeren draufgeben. In allen Jahreszeiten: Vegane Schokoplätzchen in den Teig mischen, das ist dann aber "not mehr so healthy".

Für 2 Personen

CARINAS NOTELLA-AFFENBROT

ZUTATEN NOTELLA

200 g Haselnüsse
3 EL ungesüßtes Kakaopulver
1 TL Vanillepulver
3 EL Agavendicksaft oder Ahornsirup
1 EL Nussmus nach Belieben
1 Prise Salz

ZUTATEN AFFENBROT

4 Scheiben Toast oder Brot
(gern altes Brot, schmeckt sogar mit Vollkornbrot, das etwas älter ist)
2 TL Kokosöl (neutraler Geschmack)
2 Bananen

ZUBEREITUNG NOTELLA

Den Backofen auf 180 °C Ober-/Unterhitze vorheizen. Die Haselnüsse auf einem Blech ausbreiten, nicht übereinanderstapeln! 12–15 Minuten in den Ofen geben, herausnehmen und auf einem Geschirrhandtuch kurz abkühlen lassen. Dann die braune Haut von den Nüssen entfernen. Die nackten Nüsse in einem guten Mixer 8–10 Minuten mixen, bis sie eine smoothe Masse ergeben. Immer wieder kurz pausieren und die Nussmasse von den Seiten runterschieben.

Nun Kakaopulver, Vanillepulver, Agavendicksaft, Nussmus und Salz hinzufügen und erneut mixen, bis alles gut vermengt ist. Falls die Masse nicht süß genug erscheint, ein wenig mehr Agavendicksaft untermixen. (Vincent says: Je mehr flüssiges Süß hinzugefügt wird, desto fester wird die Masse. Außerdem: Die Bananen geben dem Ganzen auch noch Süße.)

ZUBEREITUNG AFFENBROT

Die eine Seite der Brotscheiben mit Kokosöl, die andere Seite mit Notella bestreichen. Bananen in kleine Stücke schneiden und auf das Notella legen. Die Brothälften zuklappen und in die Pfanne legen. Schön platt drücken und von beiden Seiten kross braten, bis das Brot anfängt, etwas bräunlich zu werden.

Sofort auf den Teller und reinstopfen!

Vincents Tipp

Die braune Haut der Haselnüsse lässt sich am besten lösen, wenn du sie wild im Geschirrhandtuch hin- und herkullerst. Dabei mit der Hand drücken. Es muss nicht perfekt sein, Hauptsache, du hast den größten Teil der Haut entfernt.

Bereite die doppelte Menge Schokocreme vor. Hält sich sehr lange. Nicht in den Kühlschrank stellen!

Für etwa 450 ml

MERLES GREEN-GINGER-SMOOTHIE

ZUTATEN ### ZUBEREITUNG

½ Apfel, grob geschnitten
½ Banane, grob geschnitten
1 Handvoll Spinat
1 TL frisch geriebener Ingwer
1 TL Spirulina
300 ml Wasser

Alle Zutaten in den Mixer geben und pürieren.

Beim ersten Schluck bitte auch genau so ein freundliches Gesicht machen!

> Carina stammt aus dem hohen Norden. Und das hört man. Immer. Auch schriftlich.

CARINA

SEIT WANN BIST DU EIN VINCI?
Im Herzen schon immer.

UND WARUM ÜBERHAUPT? „BRAUCHTE EINEN JOB" ZÄHLT AUCH.
Ein Vinci zu sein, ist kein Job, sondern eine Vision, „tu meyk sis wörld e betta pleys".

WER ZUM TEUFEL IST EIGENTLICH VINCENT?
An awesome Dude.

WIE BEZIEHUNGSWEISE WO HAST DU IHN KENNENGELERNT?
Auf einer Faschingsparty in der Grundschule, ich war sieben Jahre alt. Mein Freund war damals als Spiderman verkleidet. Ich hasse Spiderman. Vincent war als Batman verkleidet und rettete mich. Seitdem ist er mein ganz persönlicher Superheld.

DU ERFÜLLST GENAU WELCHEN ZWECK BEI VINCENT VEGAN?
Ich bin mal hier, mal da.

WARUM REIN PFLANZLICH?
Why the hell not?

LIEBLINGSFUTTER?
Alles, was pflanzlich ist. Es gibt kein Lieblingsfutter. Es gibt nur Leute, die gern essen oder eben nicht. Frei nach meinem Lieblingszitat: „People who love to eat are always the best people."

WAS SOLLTE DIE WELT VON DIR ERFAHREN BEZIEHUNGSWEISE LERNEN?
Ich liebe Tiere, meinen Mann, meine Freunde. Und ich mag Lesen, Reiten, Schwimmen, Essen – und

Für 4 Personen

IT'S A VURSTWRAP À LA CARINA

ZUTATEN SPINATWRAPS

75 g Weizen- oder Dinkelmehl
40 g Sojamehl
½ TL Salz
1 ½ EL Pflanzenöl
60 ml Pflanzenmilch
40 g Spinat

ZUTATEN FÜLLUNG

4 Vürste nach Wahl
(Seitanvürste haben den meisten Biss)
etwas Pflanzenöl zum Braten
200 g veganer (Streu-)Käse (schmelzbar!)
1 frische Rote Bete
1 große Karotte
200 g Babyspinat
Salz
frisch gemahlener Pfeffer

ZUBEREITUNG SPINATWRAPS

Beide Mehlsorten und das Salz vermischen. Das Pflanzenöl dazugeben, bis sich der Teig mit dem Öl gut vermischt und die Masse leicht krümelig ist. Kurz beiseitestellen.

In einem Mixer Pflanzenmilch und Spinat auf höchster Stufe zu einer Sauce mixen. Die Sauce zum Mehl geben und alles mit den Händen etwa 5 Minuten gut durchkneten, bis ein schöner fester Teig entsteht. Den Teig in Plastikfolie wickeln, sodass er luftdicht eingepackt ist. Den Teig 15 Minuten im Kühlschrank ruhen lassen. Nun den Teig in vier gleich große Stücke schneiden, die Arbeitsfläche mit etwas Mehl bestauben und nacheinander die Teigstücke zu dünnen Fladen ausrollen (wer kein Nudelholz hat, der nimmt eine Flasche). Je dünner, desto besser lassen sich die Wraps am Ende mit ihrem Inhalt zusammenrollen.

Auf mittlerer Temperatur eine beschichtete Pfanne ohne Fett erhitzen und die Wraps von jeder Seite 30 Sekunden anbraten, bis kleine goldbraune Bläschen entstehen. Wraps aus der Pfanne nehmen und bis zum Rollprozess in ein Küchentuch oder eine Plastikfolie wickeln. So bleiben sie schön fluffig.

ZUBEREITUNG FÜLLUNG

Den Backofen auf 180 °C Ober-/Unterhitze vorheizen.

Die Vürste jeweils längs in vier Stücke schneiden und in heißem Öl braten, bis die Vurststücke gut gebräunt sind.

Die Vürste auf einem Backblech verteilen und gleichmäßig mit Käse bestreuen (wenn der Käse in Scheiben ist, dann gern die Vurststücke darin einwickeln). In den Ofen geben, bis der Käse geschmolzen ist.

Inzwischen Rote Bete und Karotte in dünne Streifen schneiden, Spinat waschen und beiseitestellen.

Wenn der Käse geschmolzen ist, Vurst und Käse auf dem Spinatwrap verteilen, Rote Bete, Karotte und Spinat dazugeben, ein bisschen Salz und Pfeffer aufstreuen, Wraps zusammenrollen und reinbeißen.

> Wer einen Sandwichtoaster zu Hause hat, der kann nach dem Vurstanbraten alle Zutaten auf dem Wrap verteilen, das Ganze zusammenrollen und darin toasten.

38

(Un)Wissenswertes

ALOE VERA
Im Truck verbrennen wir uns immer mal wieder an den Armen und Händen. Und ständig über der Fritteuse zu hängen, ist auch nicht gerade eine Kur für die Haut. Doch alles Gute kommt aus der Natur: Aloe Vera ist selbst für Menschen ohne grünen Daumen easy zu pflegen und das Gelee in den Blättern kannst du unverdünnt auf alles, was gerade gerötet ist, schmieren (bei offenen Stellen auf jeden Fall vorher mal nach konkreten Erfahrungsberichten gucken). Das stinkt zwar ganz gut, aber es verschließt, schützt und desinfiziert. Es gibt auch ein Aloe-vera-Zentrum in Deutschland. Ob die da die Pläne zur Übernahme der Weltmacht schmieden?

ZITRONENSAFT
Mittlerweile scheint es allgemein bekannt zu sein, dass man mehr Saft aus Zitrusfrüchten bekommt, wenn sie vorher kräftig gerollt werden, um die Wände der Kammern zu zerstören. Noch nicht so weit vorgedrungen ist der Längsschnitt, der der Zitrone wirklich den ganzen Saft entlockt.

ZWIEBELN
Zwiebeln, die ein kleines Bad nehmen durften, sind so besänftigt, dass sie dich nicht mehr so zum Heulen bringen. Einfach ganz ins Wasser schmeißen und 5 Minuten warten. Außerdem kannst du, wenn du nach dem Halbieren den Strunk dranlässt und zuerst Längs-, dann Querschnitte machst, genau kontrollieren, wie groß die Stücke werden. Juhu!

SAUBER, SAUBER
Obst und Gemüse nur mit Wasser zu reinigen, reicht bei dem ganzen Mist heute leider meist nicht aus. Bereite dir einfach ein Bad oder eine Sprühflasche mit folgendem Pi-mal-Daumen-Rezept vor:

1 TL frischer Zitronensaft
1 TL Natron
1 Tasse Wasser

Das reinigt und ist total natürlich.

ETHYLEN
Ethylen ist ein Gas, das von einigen Obst- und Gemüsesorten zur Reife produziert wird. Andere Sorten reagieren darauf empfindlich. „Bananen und Tomaten nie zusammen!" – das kennen die meisten. Kiwis sind da allerdings ein bisschen die Deppen. Die produzieren Ethylen und sind gleichzeitig ethylenempfindlich. Arme Kiwis! Übrigens: Zum Nachgucken und Ausdrucken gibt's im Netz ausführliche Listen.

stop war, start riots.

MERLE

SEIT WANN BIST DU EIN VINCI?
Im Herzen schon immer gewesen, aber im April 2015 hat Vincent mein Potenzial entdeckt.

UND WARUM ÜBERHAUPT? „BRAUCHTE EINEN JOB" ZÄHLT AUCH.
Ich wollte kein Teil mehr von einer Gesellschaft sein, die ungeniert und ohne darüber nachzudenken Dinge konsumiert, hinter denen großes Leid steckt. Nachdem ich vegan wurde, wollte ich also nicht weiterhin Kellnerin in einem Diner sein, wo ich blutige Steaks hin- und hertrage. Tatsächlich hat es etwas gedauert, bis ich Vincent mein Herz geschenkt habe. Doch nachdem er mich einlud, einmal mit auf Tour zu kommen, war es um mich geschehen. Vincent überzeugte mich mit Liebe, Teamgeist, Seele, kreativen Ideen, gutem (!) Essen, der richtigen Message und einer Menge Spaß.

WER ZUM TEUFEL IST EIGENTLICH VINCENT?
Vincent ist ein ziemlich cooler Dude, mit dem ich die Leidenschaft für „Pulp Fiction" und den Tierschutz und die richtige Einstellung teile. Er ist immer gut drauf. Selbst wenn es mal nicht so rund läuft, verliert er nie die Hoffnung. Er ist ein Motivator, der uns jeden Tag aufs Neue beweist, dass es die beste Entscheidung war, ein Teil von ihm zu werden. Er hält unser Team zusammen – mit Liebe, Witz und seinem einzigartigen Charme.

WIE BEZIEHUNGSWEISE WO HAST DU IHN KENNENGELERNT?
Er hat wohl eher mich gefunden. Ich traf Vincent in einer kleinen verwunschenen Stadt, weit von hier entfernt. Dort gibt es einen Gebetstempel für Andersdenkende. Einen Rückzugsort für jene, die unglücklich mit der Gesamtsituation sind. Menschen, die sich Freiheit und Frieden für alle Lebewesen wünschen. Ich wanderte fast jeden Tag meilenweit von meiner Hütte dorthin. Eines Tages sah ich diesen merkwürdigen Kerl im Anzug und mit Sonnenbrille in der Ecke des Tempels sitzen. Wie immer kam ich allein, denn zu der Zeit gab es erst wenige, die gegen das System unserer Gesellschaft waren. Ich merkte, wie er mich beobachtete und immer wieder Notizen in ein kleines schwarzes Buch schrieb. Auch an den folgenden Tagen sah ich ihn mit seinem Buch dort sitzen. Eines Abends setzte er sich plötzlich zu mir. Eine Weile schwiegen wir. Nachdem die letzte Kerze erloschen war, sprach er genau vier Worte: „Du bist so weit." Er stand auf und ging. Nach kurzem Zögern folgte ich ihm. Er brachte mich in seine Hütte, wo bereits zwei andere saßen. Sie erzählten mir von ihrer Zauberkutsche, die von ganz allein fährt. Mit der sie quer durchs Land reisen, um alle Menschen, die sie treffen, mit Liebe und gesunden, tierleidfreien Speisen zu segnen. Und dass sie auf der Suche nach den anderen 15 verlorenen Vincis sind. „Hast du dich nie gefragt, warum du dich so einsam fühlst? Warum deine Gedanken und dein Handeln immer anders sind? Du bist eine dieser Vincis." Und so begann meine Reise in eine neue, friedvollere und aufregende Welt. In die von Vincent Vegan.

DU ERFÜLLST GENAU WELCHEN ZWECK BEI VINCENT VEGAN?
Ich bin Burger-Queen, mit ausgezeichnetem Abitur in Frittenkunde.

WARUM REIN PFLANZLICH?
Weil es die gesündeste und friedvollste Ernährung für uns und unseren Planeten ist. Es kann nicht korrekt sein, Lebewesen als Gegenstand zu behandeln und Milliarden von Leben auszulöschen, nur weil die Menschheit das schon immer so getan hat. Wir allein haben es in der Hand, was mit dieser Welt passiert. Und jeder von uns sollte der Wandel sein, den er sich für unsere Welt wünscht.

LIEBLINGSFUTTER?
Spaghetti bolo und Pizza.

WAS SOLLTE DIE WELT VON DIR ERFAHREN BEZIEHUNGSWEISE LERNEN?
Ich glaube daran, dass jeder das Zeug hat, ein guter Mensch zu sein. In mir schlägt ein altes Hippie-Herz, das sich Frieden und Einklang für alle Lebewesen wünscht. Ich habe viele falsche Entscheidungen in meinem Leben getroffen. Doch sich gegen den Strom zu stellen und für etwas zu kämpfen, wofür nur wenige einen offenen Geist haben, war meine beste Entscheidung. Wir sind so damit beschäftigt zu funktionieren, dass wir wie sediert durch die Welt laufen. Nichts hinterfragen und einfach das tun, was uns beigebracht wird. Doch nur weil etwas schon seit Jahrhunderten praktiziert wird, heißt das nicht, dass es richtig ist. Die Menschen müssen anfangen, Dinge zu hinterfragen, und sich damit auseinandersetzen, was falschläuft. Der erste Schritt geht nun mal über unseren Konsum und wie wir mit anderen Lebewesen umgehen. Und wenn wir ehrlich sind, wünschen wir uns doch alle Frieden und Liebe für unseren Planeten. Oder etwa nicht?

Für etwa 450 ml

MERLES PINK-POWER-SMOOTHIE

ZUTATEN

1 EL Johannisbeeren
2 Scheiben Ananas, grob geschnitten
1 Handvoll Erdbeeren, grob geschnitten
1 Minzestängel, Blättchen abgezupft
Agavendicksaft (nach Belieben)
200 ml Orangensaft
100 ml Wasser

ZUBEREITUNG

Alle Zutaten in den Mixer geben und pürieren.

Smoothie-time is good time and good time is better time!

Power
für jeden Tag

SALATE UND MEHR

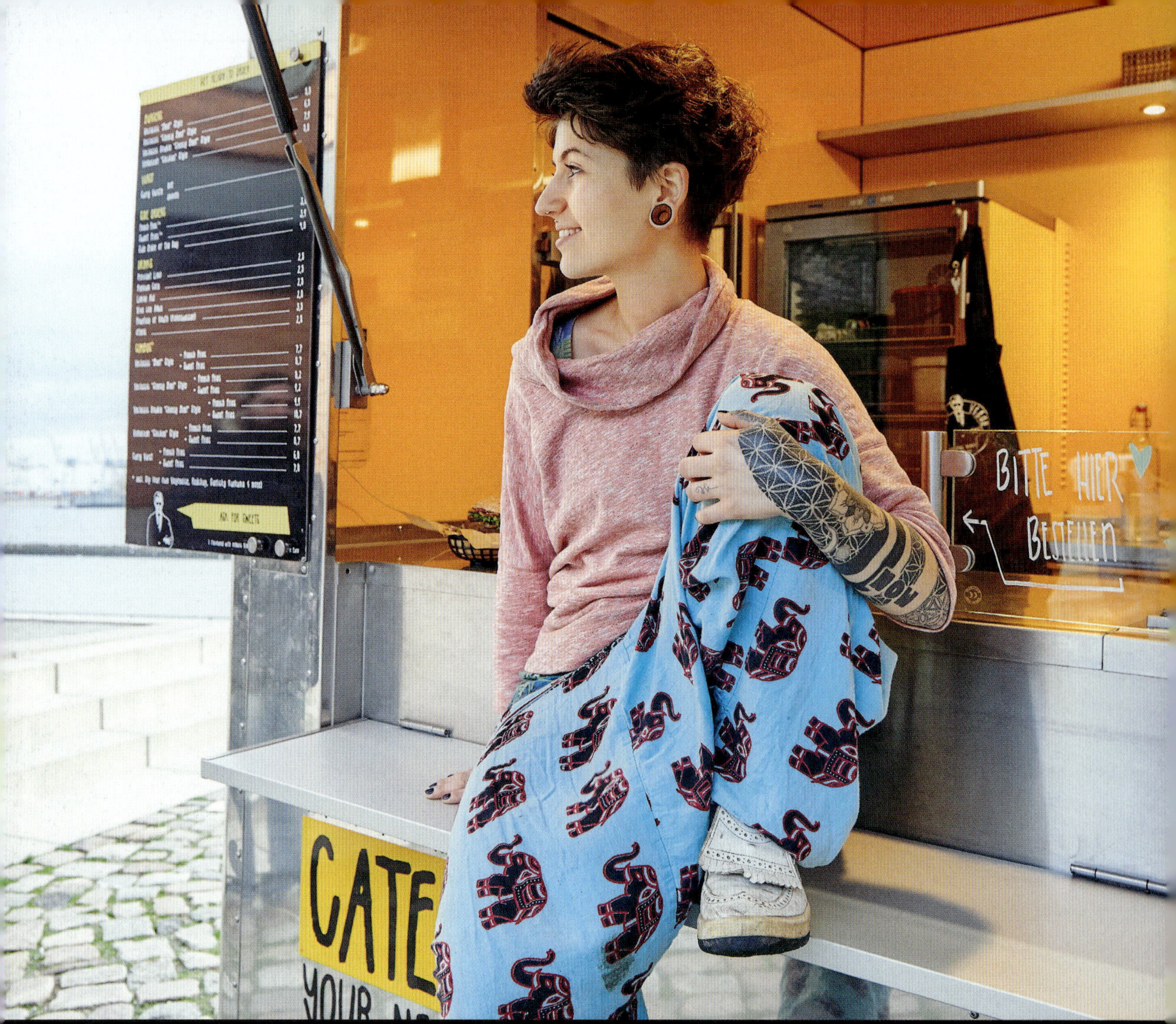
BITTE HIER BESTELLEN

CATER YOUR NEXT BIG EVENT
Vincent-Vegan.com
twitter.com/Vincent_Vegan
facebook.com/VincentVeganWagon
Get the App

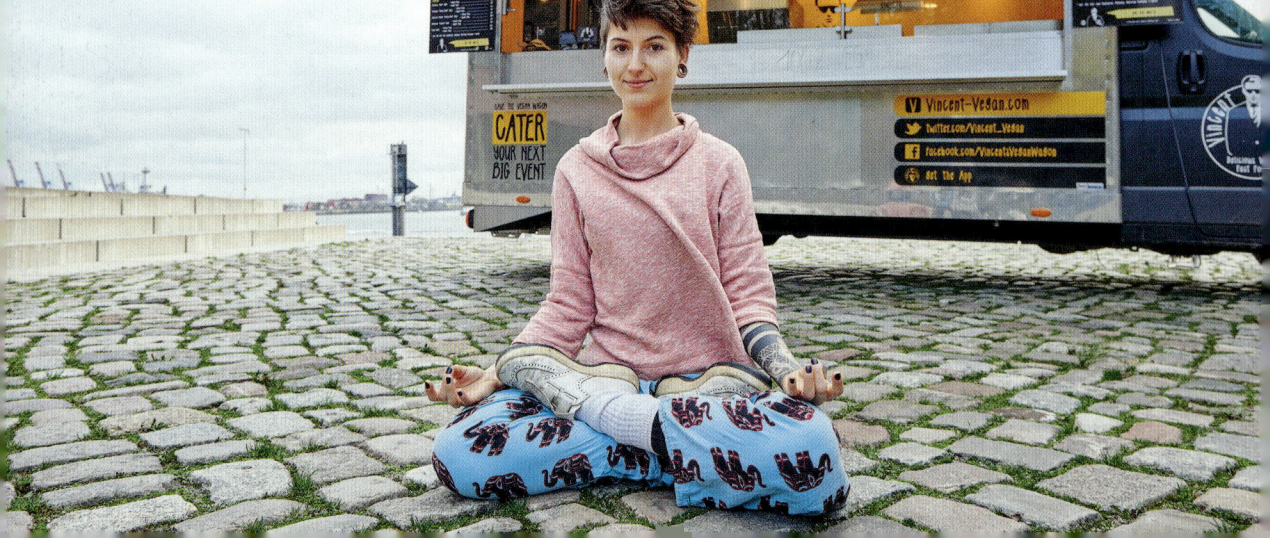

> Natalies Künstlername lautet "Natsche" oder auch "Natscho" oder auch "die Klinge".

NATALIE

SEIT WANN BIST DU EIN VINCI?
Eigentlich bin ich ein Vinci, seitdem ich das erste Mal am Truck stand und diese besondere Verbindung zum Truckinneren spürte. Das war am 05.10.2014 beim Tierschutzfest in der Süderstraße. Offiziell gehöre ich seit Sommer 2015 zur Gang.

UND WARUM ÜBERHAUPT? „BRAUCHTE EINEN JOB" ZÄHLT AUCH.
Geiles Essen, geile Leute, geile Karren, geiles Karma. Und die Bezahlung geht voll klar.

WER ZUM TEUFEL IST EIGENTLICH VINCENT?
So'n komischer, ziemlich netter, aber auch echt schräger Typ mit Sonnenbrille, der immer bei uns am Truck rumlungert.

WIE BEZIEHUNGSWEISE WO HAST DU IHN KENNENGELERNT?
Das war in einem Ashram an der Nordsee, bei einer Tagung mit Workshops und Vorträgen. Einen davon hat er gehalten. Es ging um das Lebensprinzip der Ekstase. Danach sind wir in eine Bar und haben zusammen bis früh um sieben Moscow Mule getrunken.

DU ERFÜLLST GENAU WELCHEN ZWECK BEI VINCENT VEGAN?
Ich sorge dafür, dass laut gesungen wird, und werfe die Fritten, so hoch es geht.

WARUM REIN PFLANZLICH?
Pflanzen können nicht so traurig gucken.

LIEBLINGSFUTTER?
Wechsle ich so oft wie meine Socken.

WAS SOLLTE DIE WELT VON DIR ERFAHREN BEZIEHUNGSWEISE LERNEN?
Wissen ist Macht und Macht ist Geld und Geld ist enorm überbewertet.

Für 2 Personen

NATALIES KICHERERBSEN-TAHINI-SALAT

Dieser Salat macht super satt, er ist super simpel und du wirst dich wundern, wie super die einzelnen Zutaten zusammenpassen. Super! Ich esse den übrigens auch alleine auf.

ZUTATEN

1 EL Tahini
1 EL Agavendicksaft
1 EL Balsamico-Essig
1 EL Zitronensaft
1 grüner Apfel
1 rote Paprikaschote
½–1 Dose Kichererbsen (nach Geschmack)

ZUBEREITUNG

Tahini und Agavendicksaft in einer großen Schüssel glatt verrühren. Balsamico-Essig und Zitronensaft nacheinander dazugeben und so lange rühren, bis keine Klumpen mehr da sind.

Den Apfel und die Paprikaschote in Stücke schneiden, die ein bisschen größer sind als die Kichererbsen. Die Kichererbsen abtropfen lassen.

Alles zusammen in eine Schüssel geben, nochmals gut umrühren. Jetzt könnt ihr es euch ordentlich schmecken lassen!

Du kannst die Kichererbsen auch vorher mit ein wenig Salz und Pfeffer anbraten, dann sind sie knuspriger und nicht so mehlig.

Für 4 Personen, als Beilage für bis zu 6 Personen

NATALIES LAUWARMER HIRSESALAT

Entstanden ist dieser Salat als Resteverwertung, als mal unerwartet viele Leute aus unerwartet vielen Ländern zu Besuch waren. Wenn du den Dreh einmal raushast, kannst du ihn auch hervorragend mit allem, was bei dir gerade so an Gemüse wegmuss, variieren.

ZUTATEN

150 g Hirse
1 kleine ganze oder ½ große Aubergine
etwa 160 g Cherrytomaten
etwa 150 g Karotten (2 mittelgroße Karotten)
2 kleine oder 1 große Zwiebel
1 EL Raps- oder Kokosöl
2 EL Gemüsebrühe
etwas Salz
1 TL Senf
etwa 10 getrocknete Datteln
1 Lauchzwiebel
Saft von 1 Zitrone
frisch gemahlener Pfeffer

ZUBEREITUNG

Die Hirse mit mindestens 300 ml Wasser in einem Topf 5 Minuten kochen und danach auf der ausgeschalteten Herdplatte bei geschlossenem Deckel etwa 10 Minuten ziehen lassen.

Währenddessen das Gemüse schnibbeln: Die Aubergine vierteln und dann in Scheiben schneiden. Cherrytomaten vierteln und die Karotten mit einem Küchenhobel mittelgroß hobeln (oder per Hand in kleine, dünne Streifen schneiden). Die Zwiebeln machen sich ebenfalls gut in kleinen Streifen.

Die Hirse durch ein Sieb abtropfen lassen und beiseitestellen.

In einer beschichteten Pfanne das Öl erhitzen – ruhig so warm, wie es geht, aber bitte nicht so warm, dass es raucht. Als Erstes die Auberginen anbraten, bis sie beinahe überall Fett gezogen haben, dadurch zwar ordentlich geschrumpft, aber noch bissfest sind. Die Zwiebeln dazugeben und nach ein paar Mal Umrühren auch die Karotten in die Pfanne hauen.

In einem Glas die Gemüsebrühe, eine Prise Salz, den Senf und ein Schlückchen Wasser mit einem kleinen Schneebesen oder einer Gabel gut verrühren. Damit das Gemüse in der Pfanne ablöschen. Jetzt kommen auch die Tomaten dazu.

Während die Flüssigkeit in der Pfanne einkocht, die Datteln in halbe und die Lauchzwiebel in ganze Ringe schneiden. Die kommen dann mit der abgetropften Hirse in eine Schüssel. Auch das Gemüse aus der Pfanne dazuschütten. Nun den Zitronensaft dazugeben, alles kräftig verrühren und mit Salz und Pfeffer abschmecken. Lecker!

Wenn du nicht ganz so penibel bist wie Natalie, kannst du das Gemüse natürlich auch so schneiden, wie du Bock hast. Ich bilde mir aber ein, dass es so doch am besten schmeckt.

Für 2 Personen

CARINAS GRÜNKOHL-SUPER-BOWL

ZUTATEN

100 g Quinoa
etwas Gemüsebrühe
etwas Oliven- oder Rapsöl
etwas Salz
1 kleiner Brokkoli, in Röschen geteilt (Achtung: Stiel soll und kann mitgegessen werden!)
1 mittelgroße Süßkartoffel oder
1 kleiner Kürbis, in Würfel geschnitten
400 g Kichererbsen
200 g frischer Grünkohl
1 gestrichener TL Currypulver
2 Limetten (schmeckt auch mit Zitrone)

OPTIONAL
Chilipulver

ZUBEREITUNG

Quinoa gemäß Packungsanweisung in Gemüsebrühe 15 Minuten gar kochen.

Den Backofen auf 200 °C Ober-/Unterhitze vorheizen.

Eine Schüssel mit einem guten Schuss Olivenöl (Achtung, das sollte hocherhitzbar sein!) oder Rapsöl vorbereiten, Salz dazugeben und ein büschen* Chilipulver, wenn's hot sein darf. Nacheinander Brokkoliröschen, Süßkartoffelwürfel und Kichererbsen darin wenden und dann alles gut geölt auf einem mit Backpapier ausgelegten Backblech ausbreiten. Das Gemüse nicht stapeln und gut beobachten! Brokkoli mehrmals drehen, da er sonst schnell schwarz wird. Den Rest ebenso drehen und wenden.

Währenddessen den Grünkohl waschen und in mundgerechte Stücke schneiden, die Blätter vom festen Stiel abrupfen. (Achtung: Der feste Stiel kann ebenfalls gegessen werden. Wer es also etwas knackiger mag, sollte ihn auf jeden Fall mitverarbeiten.) Etwas Olivenöl in einer Pfanne erhitzen und den Grünkohl darin etwa 5 Minuten anbraten, bis er etwas zusammenfällt. Eine Prise Salz und Currypulver dazugeben und gut vermengen. Weitere 2–3 Minuten in der Pfanne brutzeln lassen.

Zum Schluss den Grünkohl mit dem Saft einer halben Limette übergießen und optional etwas Chilipulver darüberstreuen. Den Grünkohl zur Seite stellen.

Wenn die Quinoa bissfest ist, das Wasser abgießen und ebenfalls mit dem Saft einer halben Limette beträufeln.

Quinoa, Ofengedöns und Grünkohl in einer Schale dekorativ anrichten, um am Ende doch alles wüst zu vermanschen.

* Auf Hochdeutsch „bisschen".

Diese Bowl braucht keine Sauce. Schnapp dir die zweite Limette und giesse nachträglich etwas Saft auf die Portion. Vinces Motto: Schön viel obendrauf!

Für 4 Personen

ROBERTS MANGOLDSALAT

ZUTATEN

500 g Mangold
2 Karotten
2 Frühlingszwiebeln
1 Knoblauchzehe
2 ½ EL Sesamöl
6 EL Sojasauce
Salz
frisch gemahlener Pfeffer
2 EL geröstete Sesamkörner

ZUBEREITUNG

Mangoldstiel, Karotten und Frühlingszwiebeln der Länge nach in dünne, etwa 5 cm lange Stifte schneiden. Die Mangoldblätter mundgerecht zerkleinern. Die Knoblauchzehe klein hacken.

Den Mangold und die Karotten kurz (etwa 2 Minuten) in kochendem Wasser blanchieren und anschließend gut trocknen. Etwas abkühlen lassen und mit den Lauchzwiebeln vermischen.

Das Sesamöl mit der Sojasauce und dem Knoblauch verrühren und unter den Salat mischen. Mit etwas Salz und Pfeffer abschmecken und mit den gerösteten Sesamkörnern bestreuen.

WARNUNG: Kann zu Geschmacksexplosionen im Mundbereich führen.

Für 4–5 Personen

TOPIS KARTOFFELSALAT MIT ROTEN LINSEN AN PFLAUMEN-BALSAMICO-VINAIGRETTE

ZUTATEN

600–800 g vorwiegend festkochende Kartoffeln
5 EL Olivenöl
80 g rote Linsen
Salz
2–3 Frühlingszwiebeln, in Ringe geschnitten
3 EL Pflaumenmus
3 TL Balsamico-Essig
frisch gemahlener Pfeffer

ZUBEREITUNG

Den Backofen auf 200 °C Ober-/Unterhitze vorheizen.

Die Kartoffeln längs in etwa 1 cm dicke Streifen schneiden. Auf einem mit Backpapier ausgelegten Backblech verteilen, mit 2 EL Olivenöl vermischen und 20–25 Minuten im heißen Backofen goldbraun rösten.

Die Linsen in einen Kochtopf geben und kurz ganz heiß werden lassen. Dann heißes Wasser (etwa die doppelte Menge der Linsen) und eine Prise Salz hinzugeben, Deckel drauf und zum Kochen bringen. Danach die Temperatur auf niedrige Stufe reduzieren und die Linsen nur noch köcheln lassen. Dabei immer wieder durchrühren.

In der Zwischenzeit die Vinaigrette anrühren. Dafür Frühlingszwiebeln, Pflaumenmus, Balsamico-Essig und das restliche Olivenöl vermischen und gut durchrühren. Ziehen lassen!

Sobald die Linsen fertig sind (das Wasser ist komplett verköchelt und die Linsen sind „aufgegangen"), mit den Kartoffelstreifen in eine Schüssel geben. Vinaigrette dazugeben und alles gut durchmischen. Nun mit Salz und frisch gemahlenem Pfeffer abschmecken und nochmals gut durchmischen.

Heiss oder kalt geniessen!

Für 4 Personen als Beilage

ALIS BALSAMICO-MÖHREN

ZUTATEN

6 große Karotten
2 große Zwiebeln
½ Bund glatte Petersilie
2 EL Pflanzenöl
2 EL Agavensirup oder -dicksaft
2 EL Balsamico-Essig
etwa 100 ml Gemüsebrühe
Salz
frisch gemahlener Pfeffer
Pinienkerne nach Geschmack

ZUBEREITUNG

Karotten in Stifte und Zwiebeln in grobe Stücke schneiden. Die Petersilie grob hacken. Das Öl in einer Pfanne erhitzen und mit Agavendicksaft mischen.

Karotten und Zwiebeln im heißen Öl glasig anschwitzen, dann weitere 5 Minuten anbraten. Alles mit dem Balsamico-Essig und der Gemüsebrühe ablöschen. Nur so viel Gemüsebrühe verwenden, wie man mag. Die Karotten sollten so lange in der Brühe köcheln, bis sie die gewünschte Konsistenz erreicht haben. Ich mag es, wenn sie noch Biss haben. Mit Salz und Pfeffer abschmecken.

Die Pfanne vom Herd nehmen, Pinienkerne und Petersilie untermengen und die Balsamico-Karotten in eine Schüssel geben.

Am besten noch mal 2 Stunden ziehen lassen, dann intensiviert sich der Geschmack.

Für 4 Personen

ALIS BITTERSALAT MIT KARAMELLISIERTEN PEKANNÜSSEN

ZUTATEN BITTERSALAT

bittere Blattsalate (Endivie, Chicorée, Radicchio oder auch Spinat, Rucola) oder eine Wildkräutermischung vom Gemüsestand
Sprossen/Keimlinge (nach Geschmack)
½ Bund Radieschen
80 g Pekannüsse
1 EL Ahornsirup

ZUTATEN DRESSING

1 EL süßer Senf (geht alles gut: vom finnischen bis zum scharfen Senf, dann aber eine Prise Zucker hinzufügen)
1 EL Balsamico-Essig
2 EL Olivenöl
1 TL Kürbiskernöl
1 Schalotte
Salz
frisch gemahlener Pfeffer

ZUBEREITUNG

Die Salate waschen, trockenschleudern, bei Bedarf zerrupfen und in eine Schüssel geben. Die Sprossen/Keimlinge gründlich waschen, abtrocknen und zum Salat geben. Die Radieschen putzen, waschen und in feine Scheiben schneiden. Zum Salat geben. Pekannüsse in einer Pfanne mit Ahornsirup erhitzen und karamellisieren lassen.

Für das Dressing den süßen Senf, Balsamico-Essig, Olivenöl, Kürbiskernöl und 2 EL Wasser in ein kleines Glas geben und kräftig schütteln. Die Schalotte ganz fein hacken und in das Dressing geben. Nochmals durchschütteln, mit Salz und Pfeffer abschmecken und – wenn es geht – 30 Minuten ziehen lassen.

Pekannüsse und Dressing zum Salat geben und genießen.
(Es freut sich: die Leber!)

Wenn man bittere Salate ganz fein schneidet, wird der Geschmack zarter!

Jeweils für 2 Personen

Dressing-Ideen

Wir würden euch an dieser Stelle echt gerne einen Tipp geben, welche Dressings gut zu welchen Gerichten passen. Das ist aber so verdammt schwierig, denn unsere Dressings kann man gefühlt einfach für alles verwenden, was man sich so (Veganes) in den Mund schaufelt. (Unsere) Salate sind dabei sicher eine Option. Aber Herrgott noch mal, „unkonventionell" ist in unserer DNA, deswegen würden wir nicht mal davon abraten, wenn ihr euch das Fruchtdressing zum Beispiel auf „Carinas Notella-Affenbrot" haut – oder geht das zu weit? Nobody knows, nobody knows …

SENFDRESSING

ZUTATEN

1 EL süßer Senf
(geht alles gut: vom finnischen
bis zum scharfen Senf, dann
aber eine Prise Zucker hinzufügen)
1 EL Balsamico-Essig
2 EL Olivenöl
1 TL Kürbiskernöl
1 Schalotte, fein gehackt
etwas Salz
etwas Pfeffer

ZUBEREITUNG

Alle flüssigen Zutaten mit 2 EL Wasser zu einem glatten Dressing verrühren. Dann die Schalotte einrühren und mit Salz und Pfeffer abschmecken. Am besten 30 Minuten ziehen lassen.

CAESAR-DRESSING

ZUTATEN

2 EL Zitronensaft
4 EL Pflanzensahne
1 TL Dijonsenf
1 TL Worcestersauce
2 EL Weißweinessig
2 EL Rapsöl
½ Knoblauchzehe, fein gehackt
etwas Salz
etwas Pfeffer
etwas Kresse

ZUBEREITUNG

Alle flüssigen Zutaten zu einem glatten Dressing verrühren. Dann den fein gehackten Knoblauch unterheben und mit Salz, Pfeffer und Kresse abschmecken.

FRUCHTDRESSING

ZUTATEN

2 EL dunkle Marmelade
(z. B. Wald- oder Preiselbeere)
1 TL Senf
1 EL Apfelessig
1 EL Balsamico-Essig
2 EL Olivenöl
2 EL Kürbiskernöl
etwas Salz
etwas Pfeffer
evtl. frischer Thymian

ZUBEREITUNG

Alle flüssigen Zutaten zu einem glatten Dressing verrühren. Abschließend mit Salz, Pfeffer und eventuell Thymian abschmecken.

SCHARFES DRESSING

ZUTATEN

1 TL–1 EL Meerrettich
(je nachdem, wie scharf man es mag)
2 EL Sojasahne
1 EL weißer Balsamico-Essig
1 TL Ahornsirup
3 EL Olivenöl
etwas Salz
etwas Pfeffer

ZUBEREITUNG

Alle Zutaten mit 1 EL Wasser zu einem glatten Dressing verrühren und mit Salz und Pfeffer abschmecken.

MISODRESSING

ZUTATEN

2 ½ EL Misopaste
2 EL Agavendicksaft
2 TL Senf
1 EL Sojasauce
1 EL Apfelessig
½ TL Sesamöl
3 EL Gemüsebrühe oder Wasser
1 TL frisch geriebener Ingwer
1 Knoblauchzehe, fein gehackt
1 EL Frühlingszwiebel, fein gehackt

ZUBEREITUNG

Alle flüssigen Zutaten zu einem glatten Dressing verrühren. Zum Schluss Ingwer, Knoblauch und Frühlingszwiebeln unterziehen. Vor dem Verzehr am besten 15 Minuten ruhen lassen.

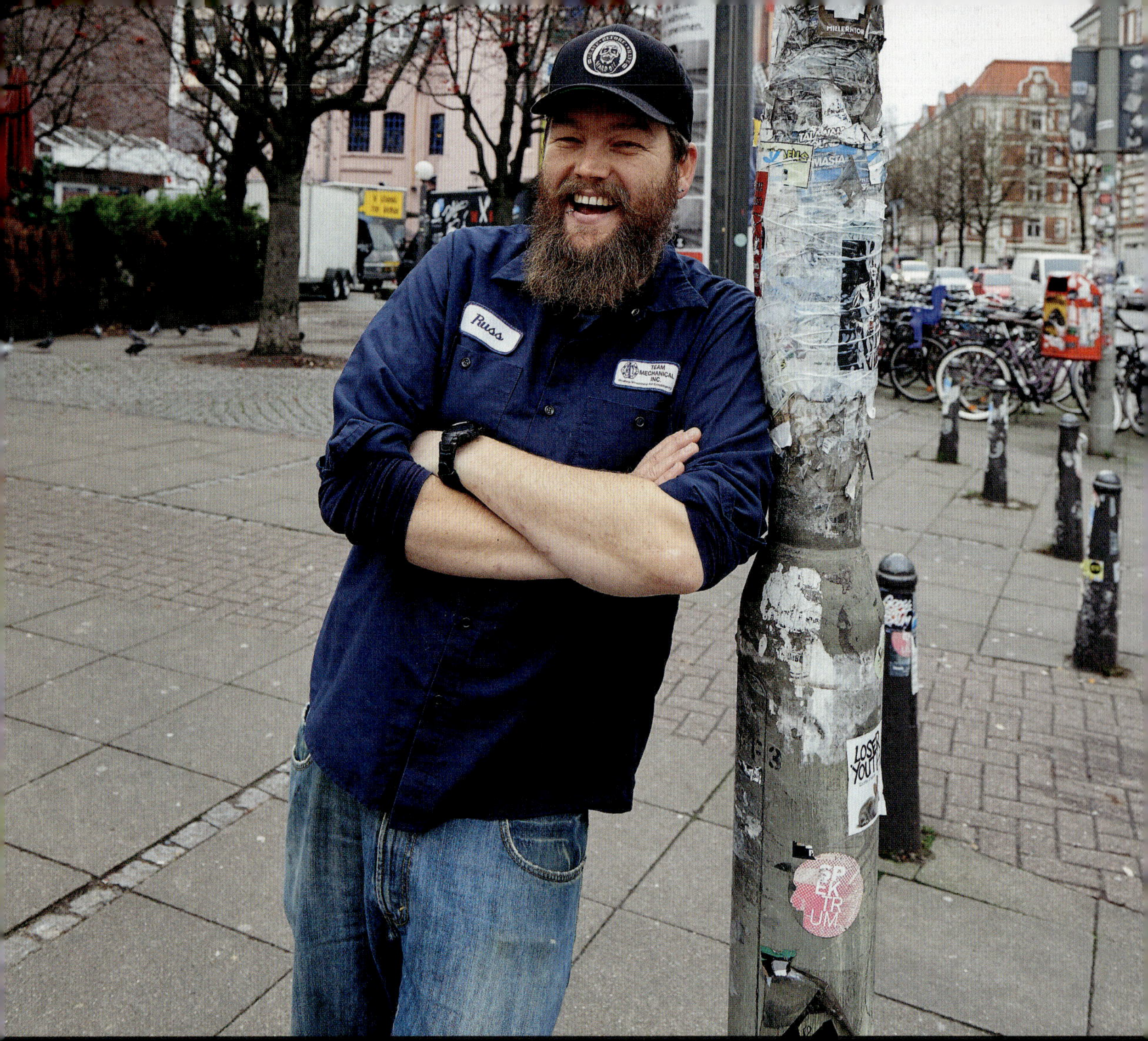
Russ
TEAM MECHANICAL INC.

Vincent-Vegan.com
twitter.com/Vincent_Vegan

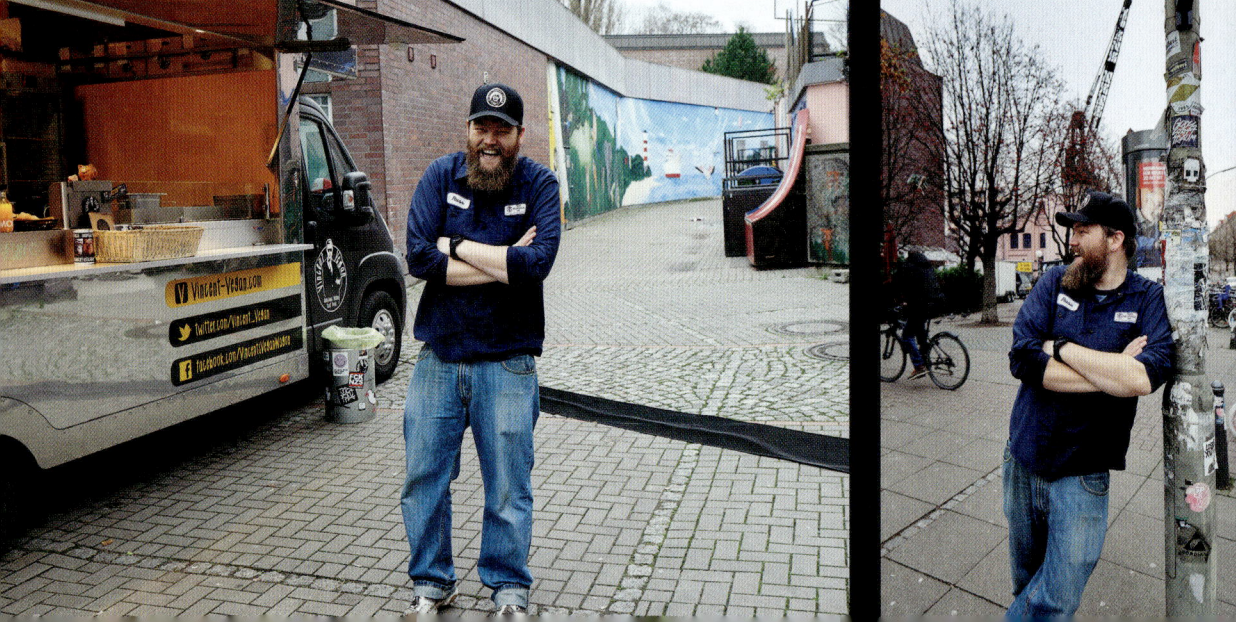

> Dan hört beim Kochen, Backen, Schnibbeln ... Musik! Always!

DANIEL

SEIT WANN BIST DU EIN VINCI?
Seit dem 15.04.2015 trage ich mit Freude die Mitarbeiternummer 4.

UND WARUM ÜBERHAUPT? „BRAUCHTE EINEN JOB" ZÄHLT AUCH.
Ich steckte gerade in einem Job, der mich nicht ausfüllte, und ein Freund von mir hatte einen Job (den er jetzt auch nicht mehr hat), bei dem er Christian gesehen hat. Auf 'nem Panel bei irgendeiner Veranstaltung, bei der es wohl um Essen oder Street Food ging. Schwuppdiwupp hatte ich eine E-Mail, in der stand, dass auf diesem Job mein Name stehe. So war das ja auch. Nach einem kurzen Gespräch war ich dabei.

WER ZUM TEUFEL IST EIGENTLICH VINCENT?
Vincent ist erst mal dieser Niederländer, van Gogh, der sich ein Ohr abgeschnitten hat. Daran denkt man ja sofort. Oder St. Vincent, eine Dame, die gute Musik macht. Oder Vincent Cassel. Oder Vincent Price. Unser Vincent ist auf jeden Fall der mit der Sonnenbrille.

WIE BEZIEHUNGSWEISE WO HAST DU IHN KENNENGELERNT?
Ich habe Vincent das erste Mal an der Nachttankstelle getroffen. Er mit zwei Flaschen Jever und einer Tüte Kartoffelchips bewaffnet, ich ebenso, aber ohne die Chips, die haben wir dann geteilt – an der Bushaltestelle.

DU ERFÜLLST GENAU WELCHEN ZWECK BEI VINCENT VEGAN?
Ich repariere Dinge. Und sorge dafür, dass die anderen es nicht gar zu wild treiben. Muss ja getan werden.

WARUM REIN PFLANZLICH?
Ich habe da mal so 'ne Doku gesehen – ganz klassisch. Und dann wollte ich nicht mehr Teil des ganzen Prozesses sein, der mit Tieren veranstaltet wird.

LIEBLINGSFUTTER?
Ich esse gerne. Ich esse eigentlich alles. Und eigentlich ständig. Wann esse ich am liebsten? In Gesellschaft.

WAS SOLLTE DIE WELT VON DIR ERFAHREN BEZIEHUNGSWEISE LERNEN?
„Gehen Sie auseinander, hier gibt es nichts zu sehen!" (Danke an „Die Nackte Kanone"!)

Für 2 Personen

DANS BELUGALINSENSALAT

Linsen. Linsen. Linsen. Was man ohne Linsen machen würde, malt man sich besser nicht aus. Linsen sind eine wundervolle Basis für viele Gerichte und die Nussigkeit der Belugalinsen bildet die perfekte Basis für diesen einfachen, schnellen Salat.

ZUTATEN

200 g Belugalinsen
1 Fenchelknolle
1 Orange
1 Bund Schnittlauch
4 EL Olivenöl
3 EL Himbeeressig
1 TL Senf
1 Spritzer Agavendicksaft (etwa ½ TL)
Salz
frisch gemahlener Pfeffer

ZUBEREITUNG

Linsen mit 600 ml Wasser aufkochen, dann etwa 30 Minuten köcheln lassen, bis sie bissfest sind. Nicht salzen.

Fenchel in Würfel schneiden, Orange filetieren und Schnittlauch in Röllchen schneiden. Alles in eine Salatschüssel geben.

Olivenöl, Himbeeressig, Senf und Agavendicksaft in ein Glas mit Schraubverschluss geben. Glas verschließen und gut schütteln. Vinaigrette mit Salz und Pfeffer abschmecken.

Die Linsen abgießen, in die Schüssel geben und mit den anderen Zutaten und dem Dressing vermischen. Fertig.

Musik: Khun Narin – Khun Narins Electric Phin Band

Für 2 Personen

DANS MISOSUPPE

Easy mit ein bisschen Fingerspitzengefühl.

ZUTATEN

1 Handvoll Wakame-Algen
1 ½ cm frischer Ingwer
2 Karotten
600 ml Gemüsebrühe (salzfrei/-arm)
250 g Pilze
100 g weicher Tofu (kein Seidentofu)
3 Frühlingszwiebeln
2 EL Misopaste

OPTIONAL

1 Bund Sobanudeln
Wasabi

ZUBEREITUNG

Wakame-Algen in eine kleine Schüssel geben und mit warmem Wasser bedecken.

Ingwer schälen und fein hacken. Karotten in etwa 5 mm dicke Scheiben schneiden. Ingwer und Karotten mit der Gemüsebrühe in einen Topf geben und aufkochen lassen. Dann die Temperatur reduzieren und gute 5 Minuten köcheln lassen. Die Karottenscheiben sollten noch Biss haben.

Währenddessen die Pilze vierteln, den Tofu in kleine Würfel und die Frühlingszwiebeln in Ringe schneiden. Pilze zur köchelnden Suppe geben. Die Algen durch ein Sieb abgießen und dann in die Suppe geben. Weitere 5 Minuten köcheln lassen.

Die Misopaste mit 2–3 EL Wasser verrühren, sodass sie sich auflöst. Im Zweifel etwas mehr Wasser nehmen. Miso in die Suppe rühren, Tofu und Frühlingszwiebeln und nach Geschmack gekochte Sobanudeln und Wasabi zugeben, noch einmal kurz ziehen lassen.

Suppe in Suppenschüsseln füllen. Löffel nehmen. Löffeln!

Vincents Tipp

Die Misosuppe ist abhängig von der Misopaste, die man benutzt. Wer noch nie welche gekauft hat, sollte sich an eine mittlere halten. Vor dem Gang zum Asiamarkt hilft da oft ein Besuch im Bioladen, damit man sich mit dem Geschmack von Miso vertraut machen kann. Danach steht der Reise in alle hellen und dunklen Varianten nichts im Weg.

Musik: Tycho – Dive.

TOPIS KAROTTEN-INGWER-SUPPE

ZUTATEN

etwa 10 Karotten
2 daumengroße Stücke frischer Ingwer
2–3 vorwiegend festkochende Kartoffeln
1 große rote Zwiebel
¼ Lauchstange
¼ Bund frische Petersilie
2–3 EL Olivenöl
500 ml Gemüsebrühe
200 ml Orangensaft
Salz
frisch gemahlener Pfeffer
Muskatnuss, frisch gerieben
2 EL Sesamkörner
100 ml Soja- oder Hafer-Cuisine
einige Tropfen Kürbiskernöl

ZUBEREITUNG

Karotten, Ingwer, Kartoffeln und Zwiebel schälen und in Würfel schneiden. Den Lauch der Länge nach halbieren, putzen und in halbe Ringe schneiden. Die Petersilie hacken.

In einem großen Topf den Boden mit etwas Olivenöl bedecken und erhitzen. Die Gemüse- und Zwiebelwürfel in den Topf geben und unter gelegentlichem Rühren bei mittlerer Temperatur glasig anschwitzen und ganz leicht Farbe annehmen lassen. Nach etwa 3 Minuten den Lauch und die Petersilie hinzugeben und auch diese anschwitzen.

Mit der Gemüsebrühe ablöschen, aufkochen und etwa 15 Minuten köcheln lassen. Dann mit dem Pürierstab zu einer sämigen Suppe verarbeiten.

Orangensaft hinzugeben und unterrühren. Mit Salz, Pfeffer und Muskat abschmecken.

Die Suppe bei niedriger Temperatur köcheln lassen. Nebenbei in einer kleinen Pfanne ohne Fett die Sesamkörner kräftig anrösten.

Kurz vor dem Servieren die Cuisine einrühren und die Suppe mit ein paar Tropfen Kürbiskernöl und geröstetem Sesam anrichten.

Kann als Vor- oder auch als Hauptspeise dienen. Dann muss nur genuch da sein.

Für 4 Personen

ROBERTS TOMATEN-LINSEN-KOKOS-SUPPE

ZUTATEN

1 Zwiebel
500 g frische Tomaten
(alternativ gehackte aus der Dose)
30 g getrocknete Tomaten
1 kleine Chilischote
3 TL Currypulver
etwas Olivenöl
150 g rote Linsen
2 TL Gemüsebrühe
400 ml Kokosmilch
1 TL Salz
2 EL Sesamkörner
einige Korianderblättchen
etwas Kürbiskernöl

ZUBEREITUNG

Die Zwiebel in kleine Würfel schneiden. Die frischen Tomaten in gleich große Stücke und die getrockneten Tomaten in dünne, kleine Stücke schneiden. Die Chilischote entkernen und fein schneiden.

Die Zwiebeln mit dem Currypulver in etwas Olivenöl anschwitzen. Anschließend die Linsen dazugeben und weitere 2–3 Minuten braten. Dann frische und getrocknete Tomaten, die Gemüsebrühe und 500 ml Wasser hinzugeben und bei mittlerer Temperatur köcheln lassen. Nach etwa 7 Minuten die Kokosmilch zugeben und mit Salz abschmecken. Das Süppchen ist fertig, wenn die Linsen ein wenig verkocht und etwas matschig sind.

Serviert wird die Suppe mit einigen gerösteten Sesamkörnern, frischem Koriander und einem Schuss Kürbiskernöl.

Suppe ist gut. Suppe ist lecker. Suppe ist ehrlich.

Real Fast Food

VOM BURGER BIS ZUM SANDWICH

Für 3 große Sloppys und 3 große Vinci-Burger-Buns

SLOPPY-VINCE BY CHRISTIAN

ZUTATEN SLOPPY-MASSE

1 mittelgroße rote Zwiebel
1 Knoblauchzehe
1 Schuss Olivenöl
200 g Räuchertofu
150 g Champignons
1 TL Kurkuma
1 TL Chilipulver
½ TL Salz
2 TL Balsamico-Essig
3 EL Tomatenpaste
250 ml passierte Tomaten
2 TL Sriracha-Sauce
1 TL Schwarzkümmel

ZUTATEN VINCI-BURGER-BUNS

1 ¼ TL Hefe
1 ½ TL Zucker
225 g Weißmehl
1 EL Pflanzenöl
2 EL Leinsamen
1 ½ TL Salz

AUSSERDEM

1 reife Avocado

ZUBEREITUNG SLOPPY-MASSE

Eine Pfanne auf den Herd stellen und den Herd langsam anheizen. Die rote Zwiebel fein würfeln, die Knoblauchzehe ebenso. Einen Schuss Olivenöl in die Pfanne hauen und die Temperatur langsam ein bisschen erhöhen.

Den Räuchertofu zerkrümeln. Die Champignons in relativ dünne Scheiben schneiden. Zwiebeln, Knoblauch und Räuchertofu in die Pfanne hauen und anbraten. Dann die Champignons dazugeben. Mit Kurkuma, Chilipulver und Salz würzen und alles verrühren. Ein bisschen braten und sich vermischen lassen.

Balsamico-Essig und Tomatenpaste hinzufügen und umrühren. Passierte Tomaten darübergeben. Sriracha-Sauce und Schwarzkümmel rein und noch mal ordentlich verrühren. Feddich!

ZUBEREITUNG VINCI-BURGER-BUNS

120 ml warmes Wasser (etwa 40 °C), Hefe, Zucker und 30 g Mehl in einer großen Schüssel verquirlen und 5–10 Minuten stehen lassen.

Pflanzenöl, Leinsamen und Salz dazumischen. Nach und nach das restliche Mehl einarbeiten, bis der Teig zäh wird. Den Teig 5–10 Minuten kneten, bis er mehr und mehr elastisch wird und nicht klebt. Eventuell etwas mehr Mehl untermischen, aber ja nicht zu viel!

45 Minuten in warmer und zugluftfreier Umgebung ruhen lassen, bis der Teig seine Größe verdoppelt hat.

Ja, es kann messy werden. Und das ist gut so.

Den Teig danach noch mal kurz kneten und in drei Teile schneiden. Jedes Stück in eine runde Form kneten, Kanten erfassen und in der Mitte zusammendrücken. Die Buns mit der gewellten Seite nach unten auf eine Trägerfolie mit Pergamentpapier legen. Buns mit einem warmen, feuchten Tuch oder einer Plastikfolie, die mit Mehl bestaubt worden ist, abdecken (bemehlte Seite nach unten).

45 Minuten ruhen lassen – oder so lange, bis die Brötchen in der Größe verdoppelt sind.

Den Backofen auf 180 °C Umluft vorheizen. Buns 15–20 Minuten backen – oder bis sie auf der Spitze goldig sind.

Feddich!

ZUBEREITUNG SLOPPY-VINCE

Die Vinci-Burger-Buns aufschneiden (falls schon kalt, toasten, besonders die Innenseiten). Die warme Sloppy-Masse auf die Unterseite der Buns schmieren – ruhig ordentlich was drauftun. Eine reife Avocado schälen, den Kern entfernen und das Fruchtfleisch in Scheiben schneiden. Drei bis vier Avocadoscheiben auf die Sloppy-Masse legen. Oberseite der Buns auflegen.

Reinbeißen, rumschmieren, genießen!

Feddich!

Selbstredend kann auch ein gekauftes veganes Burger-Bun verwendet werden, ist halt nur nicht so geil.

Für 5 gut sättigende Sandwiches

NATALIES WALNUSS-MANGO-SANDWICH

Deftig, süß, nussig: Ich kann mich nie entscheiden, wie mein Sandwich sein soll. Muss ich auch nicht. In diesem Rezept ist alles drin. Es besteht aus einem Walnussbrot, einer Tofumarinade, dem Zucchini-Hummus von Seite 105 und meinem Belegvorschlag.

ZUTATEN WALNUSSBROT

1 Würfel Hefe
18 g Salz
20 g Zucker
20 g Maisstärke
500 ml Sojamilch
60 g weiche Margarine
200 g Walnüsse

DAS WALNUSSBROT BACKEN

Die Hefe zwischen den Fingern in eine sehr große Schüssel zerbröseln (Genieße ruhig, wie es sich anfühlt!). 100 ml kaltes Wasser und Salz dazugeben und alles mindestens 30 Minuten ruhen lassen. (Jetzt kannst du 'ne Runde joggen, ein entspannendes Bad nehmen oder bei deinen Freunden anrufen und fragen, wer für die lange Wartezeit zum Chillen vorbeikommt ...)

Danach Zucker, Maisstärke, Sojamilch und Margarine dazugeben und ungefähr 10 Minuten kneten. Ich empfehle, dafür die Hände und keine Knethaken zu nehmen, dann ist das Gefühl für die Konsistenz besser. Kein weiteres Mehl dazugeben, auch wenn der Teig recht klebrig ist.

Das Brot gut mit Folie abgedeckt 2–3 Stunden gehen lassen. (Du kannst es beim Quatschen – oder was auch immer du in der Zeit machst – vergessen und auch erst nach 6 oder 8 Stunden weitermachen.)

Die Walnüsse am besten in der Packung zerkrümeln: einfach darauf rumdrücken, bis die Größe der Krümel okay ist. Nachdem der Teig gegangen ist, beim nochmaligen sanften Kneten des Teigs die Nüsse dazugeben. Dafür in die Mitte eine Kuhle drücken, Nüsse rein, Kuhle schließen und dann erst kneten.

Der Teig sollte jetzt noch mal ein Drittel wachsen. Das dauert 10–30 Minuten. Das kann gern auch schon in einer großen Kastenform geschehen. Die Form sollte maximal bis zur Hälfte gefüllt sein, sonst einfach mehrere kleine nehmen.

Den Backofen auf 180 °C Ober-/Unterhitze vorheizen.

Das Brot zum Backen mit einer Schüssel Wasser in den Ofen stellen und 35–40 Minuten goldbraun backen. Vor dem Anschneiden mit einem Tuch bedeckt gut abkühlen lassen, sonst zerbricht es leicht.

ZUTATEN TOFU

250 g Tofu
5 EL Sojasauce
2 EL Olivenöl
1 TL Balsamico-Essig
1 EL Senf
1 Spritzer Zitronensaft
1 TL Agavendicksaft
½ EL Rosenpaprikapulver
1 Zwiebel, klein geschnitten
1 Knoblauchzehe, klein geschnitten
2 EL Tomatenmark
Salz
frisch gemahlener Pfeffer
einige Kräuter (optional)
etwas Paniermehl

ZUTATEN SANDWICHBELAG

1 Mango
Zucchini-Hummus (siehe Seite 101)
Alfalfasprossen
Salat
Gurke (am besten eine geschmacksintensive Gurke, z. B. Landgurke)
Tomaten
Jalapeños

DEN TOFU MARINIEREN

Den Tofu abtropfen lassen und in Scheiben schneiden. Nebeneinander in eine große, flache Auflaufform legen. Alle Zutaten bis auf das Paniermehl glatt mixen oder pürieren und gleichmäßig über dem Tofu verteilen. Mindestens 4 Stunden, ruhig auch über Nacht gekühlt ziehen lassen.

DAS SANDWICH BELEGEN

Das Brot in einer trockenen oder nur leicht mit einem Tuch gefetteten Pfanne von beiden Seiten knusprig anbraten. (Du kannst natürlich auch den Toaster oder den Backofen dafür benutzen, aber in der Pfanne wird es am leckersten und du kannst den Toastgrad gut bestimmen.)

Jetzt den Tofu anbraten. Dazu die Streifen ein wenig abtupfen. Die Oberfläche feucht lassen und in Paniermehl wälzen. In der Pfanne knusprig braten. Währenddessen die Mango in flache Streifen schneiden. Nach dem Anbraten des Tofus die Pfanne einmal grob auswischen und dann die Mangostreifen von beiden Seiten knusprig anbraten. Wahrscheinlich reicht die Restwärme der Platte.

Ich belege das Sandwich in folgender Reihenfolge (von unten nach oben): Brot, Hummus, ein paar Sprossen, Salat, Gurke, Tomate, erst die Tofu-, dann die Mangostreifen, optional ein paar Jalapeños, noch mal ein paar Sprossen und die andere Brotscheibe ebenfalls mit Hummus bestrichen.

Nomnomnom!

Vincents Tipp

Achte beim Belegen darauf, dass die Komponenten im passenden Verhältnis und in einer praktischen Reihenfolge sind. Lose Zutaten wie die Sprossen an die Sauce, damit alles gut klebt; größere Scheiben, zum Beispiel von großen Fleischtomaten, auf kleinere Scheiben, wie die der Gurke.

Auch die Menge der Sauce ist wichtig: nicht so viel, dass es tropft, aber genug, denn das Brot zieht noch ein wenig Flüssigkeit.

Für 2 große Burger oder 4 Miniburger

CAROS KICHER-BURGER

#keinplatzfürwutbürger #heuteschonmitpeterlustiggeduscht
#einbisschenspaßmusssein #zumlachenindieküche

ZUTATEN BURGER-BUNS

¼ Würfel frische Hefe
1 Prise Zucker
45 ml lauwarme ungesüßte Pflanzenmilch
1 EL Pflanzenmargarine
200 g Weizenmehl
etwa 1 TL Salz
etwas Paprikapulver
einige Schwarzkümmelsamen

ZUTATEN GARNITUR

ein paar Blätter frischer Babyspinat
½ rote Zwiebel
etwas Olivenöl
Salz
1 Knoblauchzehe
4–6 Auberginenscheiben
frische Granatapfelkerne

ZUTATEN BURGER-SAUCE

1 EL Tahini
2 EL ungesüßter veganer Naturjoghurt
1–2 Blättchen frische Minze
1 Spritzer Zitronensaft
Salz
frisch gemahlener Pfeffer
optional ½ Knoblauchzehe

ZUBEREITUNG BURGER-BUNS

Hefe in einem Glasschälchen zerbröseln. Mit einer Prise Zucker und 30 ml lauwarmem Wasser vermischen. Etwa 10 Minuten stehen lassen, bis die Hefe blubbert, also kleine Blasen an der Oberfläche entstehen (= „busy" Hefe).

Pflanzenmilch leicht erwärmen und die Margarine darin schmelzen. In einer Schüssel das Mehl mit Salz, Paprikapulver und Schwarzkümmel vermischen. Eine Mulde hineindrücken, das Hefegemisch hineingeben und mit den Fingerspitzen leicht vermengen. Jetzt die Milch-Fett-Mischung dazugießen und alles zu einer schönen, glatten Teigkugel verkneten. Wenn der Teig klebt, noch etwas Mehl dazugeben.

Die Teigkugel an einem warmen Ort etwa 30 Minuten gehen lassen. Es darf nicht zu heiß werden! Sonst verweigert die Hefe ihren Dienst und chillt bei der Hitze ihr Leben …

ZUBEREITUNG GARNITUR UND SAUCE

Spinat waschen, die Zwiebel hauchdünn schneiden. Öl, Salz und gepresste Knoblauchzehe zu einer Marinade mixen (die brauchst du für die Auberginenscheiben später). Für die Sauce alle Zutaten mixen und lecker abschmecken.

ZURÜCK ZU DEN BURGER-BUNS

Wenn sich der Teig sichtbar vergrößert hat – perfekt! Den Teig nochmals gut durchkneten, zwei große oder vier kleine Kugeln formen und auf ein Backblech mit Backpapier setzen. Die Temperatur des Backofens auf 180 °C Ober-/Unterhitze stellen. Vorheizen ist unnötig, denn die Zeit, die der Ofen benötigt, um auf 180 °C zu kommen, ist die zweite Gehzeit für die Brötchen. Also easy-peasy Energie gespart! Dann die Buns in den Ofen schieben.

Schlaue Burger-Bürger legen die Auberginenscheiben direkt neben die Brötchen. Die Scheiben mit der Marinade bepinseln. Einen Wecker stellen: Nach etwa 20 Minuten ist der Ofen wieder dran.

ZUTATEN KICHER-PATTIES

1 Glas vorgekochte Kichererbsen (etwa 220 g Abtropfgewicht)
1 EL Speisestärke
½ rote Zwiebel
1 Knoblauchzehe
3–4 Stängel frische Petersilie
3–4 Blättchen frische Minze
1 Spritzer Zitronensaft
½–1 TL Kreuzkümmel
½–1 TL Harissapaste (je nach Schärfetoleranz)
Salz
frisch gemahlener Pfeffer
½ TL Paprikapulver
1 Prise Zimt

AUSSERDEM

etwa 200 ml hitzebeständiges Pflanzenöl zum Frittieren

JETZT WIRD'S LUSTIG

Kichererbsen abtropfen lassen. Nicht abspülen! Ihre natürliche Stärke ist ziemlich nützlich für den Zusammenhalt der ganzen Geschichte. Kichererbsen in einer Küchenmaschine mit der Speisestärke fein zerkleinern. Etwas kaltes Wasser dazugeben, bis eine formbare Masse entsteht. Die Masse darf etwas gröber sein, sie sollte nur zusammenhalten.

Zwiebel, Knoblauchzehe, Petersilie und Minze fein hacken und zu den Kichererbsen geben. Mit den Gewürzen abschmecken. Nicht zu sparsam mit dem Salz sein!

Den Boden einer beschichteten Pfanne mit hitzebeständigem Pflanzenöl bedecken. Das Öl erhitzen. Steigen an einem hineingehaltenen Holzlöffel Bläschen auf, hat das Fett die richtige Temperatur. Nun aus der Kichererbsenmasse zwei bis vier Patties formen und im Fett goldbraun ausbacken. Auf Küchenpapier gut abtropfen lassen.

ZURÜCK ZU DEN BURGER-BUNS

Die Brötchen aus dem Backofen holen, sie sollten eine schöne Farbe bekommen haben. Die Auberginen vertragen zusätzlich 1–2 Minuten Grillpower bei 220 °C. Karamba!

FINALE! DEN BURGER ZUSAMMENSETZEN

Die Buns aufschneiden und – falls gewünscht – kurz in einer Pfanne ohne Fett anrösten oder toasten. Die Hälften mit Burger-Sauce bestreichen, auf die Unterseite ein paar Granatapfelkerne geben. Darauf kommen der Spinat und die Zwiebeln. Dann das Patty und die Aubergine. Deckel druff. Fertig! Freestyler können die Reihenfolge auch verändern – wooohooo!

Hihihihihihiiii ...

Für 3–4 Personen

ROBERTS TOPINKI – KNUSPRIGES KNOBLAUCHBROT MIT PILZEN

ZUTATEN PILZMISCHUNG

30 g getrocknete Pilze
(am besten 'ne Waldpilzmischung)
1 rote Zwiebel
150 g frische Champignons
(kann aber auch eine Mischung sein:
Austernpilze, Kräuterseitlinge, Pfifferlinge etc.)
etwas Rapsöl
½ TL Kümmel
1 TL Pfeffer
½ TL Salz
1 ½ TL frischer Rosmarin
1 TL frischer Thymian
½ TL Kala-Namak-Salz
(schwefeliges indisches Rauchsalz)
½ TL gemahlener Bockshornklee
5–7 Knoblauchzehen
1 Spritzer Zitronensaft
3–4 Scheiben Brot nach Belieben
etwas Olivenöl

ZUTATEN KICHERERBSEN

75 g vorgekochte Kichererbsen
1 EL Sojasauce
1 TL geröstetes Sesamöl
1 TL Limettensaft
½ TL Rauchsalz

ZUBEREITUNG

Die getrockneten Pilze mit kochendem Wasser bedecken und 5–10 Minuten stehen lassen. Die Zwiebel klein hacken.

Die Pilze durch ein Sieb abschütten, dabei etwas Abtropfwasser auffangen. Dann alle Pilze – also auch die Champignons – in kleine Stücke schneiden.

Die Kichererbsen pürieren oder mit einem Kartoffelstampfer oder einer Gabel zermanschen. Dann gut mit Sojasauce, Sesamöl, 3 EL Wasser (am besten das Abtropfwasser der Pilze) und dem Limettensaft zu einer Masse vermengen. Das Rauchsalz dazugeben und beiseitestellen.

Die Zwiebel in heißem Rapsöl anschwitzen, anschließend die Pilze dazugeben. Alles gut anbraten und würzen. Anschließend die Kichererbsenmischung hinzufügen und alles gut vermengen, bis eine nicht ganz so feste Masse entsteht, eventuell noch etwas Wasser dazugeben.

Die Knoblauchzehen durchpressen oder ganz klein hacken und mit einem Spritzer Zitronensaft zu einer Paste verarbeiten. Das Brot von beiden Seiten in Olivenöl schön kross braten.

Belegt wird so: Brot auf den Teller oder aufs Breddle, ordentlich Knobi drauf – kann ruhig wie mit Margarine beschmiert werden (außer du hast noch wichtige Termine in den nächsten 24 Stunden). Dann die Pilzmischung daraufgeben – das war's schon!

Auch geil: Das Brot mit etwas geriebenem veganem Käse oder Hefeflocken bestreuen und mit gerösteten Sesamkörnern anrichten.

Für 3–4 Burger

ROBERTS CLASSIC BURGER MIT LUPINEN-SEITAN-PATTIE

ZUTATEN PATTIES

100 g Seitanfix
50 g Lupinenprotein
3 TL Sonnenblumenkerne
3 TL Sesamkörner
1 ½ TL getrocknete Korianderblätter
3 TL Knoblauchpulver
6 TL getrocknete Zwiebeln, gehackt oder als Pulver
2 TL geräuchertes Paprikapulver
2 TL scharfes Paprika- oder Chilipulver
2 TL Pfeffer
2 TL Ingwer
1 TL Kurkuma
1 TL Salz
1 TL italienische Kräutermischung
4 getrocknete Tomaten (alternativ Tomatenmark)
3 EL Sojasauce
etwas Liquid Smoke

ZUBEREITUNG PATTIES

Seitanfix, Lupinenprotein, Sonnenblumenkerne und Sesamkörner mit allen Gewürzen gut vermischen. Die getrockneten Tomaten erst klein schneiden und mit 140 ml Wasser und der Sojasauce pürieren. Anschließend die Tomaten-Soja-Mischung mit dem Liquid Smoke zu den trockenen Zutaten geben und alles zu einer festen, runden Masse verkneten. Am besten keine Kugel formen, sondern eher darauf achten, dass die Ober- und Unterseiten gerade sind (wie bei 'ner kleinen Hantelscheibe).

Diesen Klumpen dann in reichlich Wasser etwa 20 Minuten kochen, ins Kochwasser gern noch Lorbeerblätter und Bockshornkleeblätter geben. Danach in einem Sieb abtropfen und abkühlen lassen. Anschließend in drei bis vier gleich dicke Scheiben schneiden. Diese werden nochmals angebraten und sind dann das Herzstück unseres Burgers.

ZUTATEN BURGER-SAUCE

9 EL Ketchup
2 EL Senf
2 EL vegane Mayonnaise
1 EL Limetten- oder Zitronensaft
etwas grober Pfeffer

ZUTATEN BELAG

einige frische Salatblätter
einige Tomatenscheiben
einige rote Zwiebelscheiben
einige Röstzwiebeln
einige Gurkenscheiben

AUSSERDEM

2 Lorbeerblätter
1 TL Bockshornkleeblätter
Brötchen, Brot oder Burger-Buns nach Belieben

ZUBEREITUNG SAUCE UND BELAG

Alle Zutaten für die Burger-Sauce miteinander verrühren.

Bei den Brötchen darf jeder, wie er will: Standard-Burger-Brötchen, Saatenbrötchen vom Bäcker, selbst backen oder auch gern alle Zutaten zwischen zwei Scheiben leckeres Dinkel- oder Nussbrot packen, vorher toasten oder in etwas Olivenöl anbraten. Die Brötchen können natürlich vorab auch kurz in den Backofen oder Grill.

Jetzt in Lieblingsreihenfolge und -menge belegen. Das Ganze geht natürlich auch als cheesy Version mit 'ner Scheibe veganem Käse.

Vincents Tipp

Ich empfehle natürlich, die Röstzwiebeln selbst zu machen: Zwiebeln in möglichst dünne Ringe schneiden. Diese in einer Mischung aus Mehl (egal, welches) und Gewürzen (Paprika, Pfeffer, Chilipulver, Rosmarin) mehrfach wenden, bis sie gut mit dem Mehl eingeklebt sind. Anschließend in reichlich Rapsöl ausbraten, bis sie schön goldbraun und knusprig sind. Auf einem Küchentuch abtropfen lassen.

Bei getrockneten Tomaten immer auf den höheren Salzgehalt achten, eventuell weniger normales Salz verwenden.

TOPIS BLACKBEAN BURGER IM LAUGENBRÖTCHEN MIT SENFMAYONNAISE

Für 4 Burger

ZUTATEN

5 EL vegane Mayonnaise
4 EL (süßer) Senf
etwa 60 g Wildreis
1 ½ Rote Beten
2 Knoblauchzehen
1 große rote Zwiebel
5 Champignons
Olivenöl
etwa 130 g schwarze Bohnen
Salz
frisch gemahlener Pfeffer
2 TL Paprikapulver
3 EL Kürbis- oder Sonnenblumenkerne
4 Laugenbrötchen
Blattsalat nach Geschmack
2 Handvoll Sprossen
3 Gewürzgurken, in Streifen oder Scheiben geschnitten

ZUBEREITUNG

Die vegane Mayonnaise und den Senf vermischen und beiseitestellen.

Den Wildreis nach Packungsanweisung kochen.

Rote Beten, Knoblauchzehen, Zwiebel und Champignons in Würfel schneiden. Olivenöl in einer Pfanne erhitzen und die Würfel darin unter Rühren etwa 15 Minuten stark anschwitzen. Dann die schwarzen Bohnen und den Wildreis hinzufügen und weiter anschwitzen. Mit Salz, Pfeffer und Paprikapulver würzen.

Alles aus der Pfanne und die Kerne in eine Küchenmaschine geben und zu einem „restgroben" Brei zerkleinern. Nun die Hände mit Olivenöl einreiben und aus dem Brei vier etwa gleich große Patties formen und kurz ruhen lassen.

Die Patties auf einem Grill oder in der (Grill-)Pfanne in Olivenöl von beiden Seiten kross anbraten.

Die Laugenbrötchen halbieren und die Hälften mit der Senfmayo bestreichen. Die untere Hälfte mit Salat belegen, das Patty drauf und mit reichlich Sprossen und Gewürzgurken belegen. Obere Hälfte auflegen, herzhaft zubeißen und genießen!

Ordentlich Senfmayo obenauf!

Für 2 Stück

DANS TORTAS-SANDWICH

Tortas sind fantastisch, wenn man noch Brötchen vom Vortag hat. Oder Brot. Man kann sie natürlich mit allem belegen, was man so in der Küche findet. Aber das ist die Basis, danach sei niemandem etwas vorgeschrieben. Ich habe sie gern mit diesem hausgemachten Brot. Auch, weil es einfach ein gutes Brot ist. Musik: Mexican Institute of Sound – Politico.

ZUTATEN BROT

450 g Dinkelmehl (Type 630) plus etwas für die Arbeitsfläche
1 Flasche Bier (0,33 l)
1 Pck. Backpulver
1 TL Salz
1 Prise Zucker
Kümmel nach Geschmack

ZUTATEN SALSA

2–3 Jalapeños
1 Zwiebel
2 Tomaten
¼ Bund Koriander
Saft von ½ Limette
Salz
frisch gemahlener Pfeffer

AUSSERDEM

2 Brötchen
Alsan
1 Avocado
Gewürzgurke (optional, aber geil)

ZUBEREITUNG

Den Backofen auf 200 °C Ober-/Unterhitze vorheizen.

Für das Brot alle Zutaten mit dem Knethaken des Handrührgeräts in einer Rührschüssel gut verkneten. Den Teig auf der bemehlten Arbeitsfläche mit der Hand nochmals durchkneten und zu einem Laib formen. Den Laib auf einem mit Backpapier belegten Backblech 40 Minuten backen. Man kann natürlich auch Brötchen formen, dann verkürzt sich entsprechend die Backzeit. Man kann das frische Brot verwenden, besser wartet man aber bis zum folgenden Tag.

Dann kommen die eigentlichen Tortas: Erst mal Salsa machen. Dafür die Jalapeños halbieren und entkernen, Zwiebel, Tomaten und Jalapeños fein hacken. Den Koriander hacken und dazugeben. Dann den Limettensaft dazugeben. Mit Salz und Pfeffer abschmecken.

Die Brötchen durchschneiden und alle Hälften mit Alsan bestreichen. Eine Pfanne auf dem Herd erhitzen. Brötchenhälften mit der Alsanseite nach unten in die Pfanne legen. Wenn die Brötchen oben weich werden und unten leicht gebräunt sind, aus der Pfanne nehmen.

Avocado halbieren, schälen und den Kern herauslösen. Die Hälften der Länge nach in Streifen schneiden. Jeweils eine Unterhälfte der Brötchen mit der Hälfte der Avocado belegen. Gewürzgurke einschneiden und als Fächer auf die Avocado legen – ein Muss, wenn man gewürzgurkensüchtig ist. Gut 1–2 EL Salsa auf die Unterhälften geben, Deckel drauf, fertig.

Die Salsa schon am Abend machen und über Nacht ziehen lassen. Dann erst am folgenden Morgen salzen und pfeffern.

Echte Männer brauchen kein Fleisch!

Fleischersatz

FAKE-GANER

Shrimps aus Soja. Medaillons aus Seitan. Würstchen aus Erbsenprotein. Die Produktpalette veganer Fleischersatzprodukte ist mittlerweile schier unendlich. Das Wortspiel des Fake-ganers scheint also nicht unangebracht. Allein das Wort „Fleischersatz" impliziert, dass etwas ersetzt, imitiert wird, etwas, das man sonst als Veganer nicht essen dürfte beziehungsweise möchte (aus gutem Grund). Allerdings hat unsere Gesellschaft beziehungsweise der Mensch an sich meist wenig Lust auf Verzicht und ist darüber hinaus ein Gewohnheitstier – ideale Marktbedingungen also für Sojashrimps, Tofuwurst und Co.

Denn – Hand aufs Herz – eigentlich möchten wir doch weiterhin Rock 'n' Roll. Nur ohne Tier. Möchten, betrunken um 4:00 Uhr morgens, Würstchen in Senf dippen, möchten bei Oma nicht nur Rotkohl, weiche Kartoffeln und Glibbersauce essen, möchten immer wieder Kind sein, wenn wir Spaghettischlösser in Bologneseseen bauen.

Essen ist eben viel mehr, als nur satt zu werden. Essen ist Emotion, Erinnerung und soziale Interaktion. Fleischersatzprodukte können demnach ein Angebot, eine Abwechslung, ein Stützrad für die vegane Ernährung sein. Neueinsteigern, Interessierten und auch Nichtinteressierten (nennen wir ihn „DEN Onkel", stellvertretend für alle militanten Antiveganer im sozialen Umfeld) zeigen diese Produkte, dass es gar nicht schwer ist, mal das Steak gegen ein Tofumedaillon zu tauschen. Triumphierend eine fancy Seitanwurst neben den bewährten Gemüsespieß auf den Grill zu legen. Silvester alle mit einem Chili sin carne vom Hocker zu reißen („Hömma, du isst doch sonst gar kein Fleisch?" – „Nee, ist ja auch keins drin."). Wir können mit einer ganzen Armada von Vurst-, Vacon- und Vleischvarianten, die es mittlerweile im Supermarkt zu kaufen gibt, jegliches Essen als Modell „Vegan Vol. 2" gestalten. Und das ist eine klare Win-win-Situation: frohe Tiere. Frohes Klima. Frohe Erde. Frohe Menschen.

Natürlich ist es wie bei allem im Leben: Zu viel ist nicht gut. Klingt langweilig, ist aber so. (Äh, wie war das mit dem Rock 'n' Roll?) Unter uns gesagt: Man darf nicht vergessen, dass die meisten Fleischersatzprodukte nicht wirklich natürlich und automatisch gesund sind, nur weil „vegan" auf dem Etikett steht. Na klar, sie sind ohne Tier, aber dennoch nicht frei von Transfetten, diversen E-Stoffen und Aromen. Außerdem basieren sie hauptsächlich auf Soja und/oder Gluten – zwei nicht ganz so harmlose Gesellen in puncto Verträglichkeit und Allergene. Vom ganzen Müll und von der Industriemaschinerie, die dahintersteckt, mal ganz zu schweigen.

Also, Obacht, Kinners: Es darf ruhig mal das vegane Würstchen vorm Kühlschrank sein (Tipp: Senf und Ketchup mischen) oder der vegane Burger mit Seitanpatty von Vincent Vegan (Produktplatzierung Ende), wenn einem das Herz danach schlägt. Alles nicht so wild. Vincent sagt aber auch: Seid offen, People und Follower! Seid offen für die vielen tollen Möglichkeiten, die eine vegane Ernährung abseits von Industrieprodukten bietet, schaut über den Tellerrand und genießt Geschmackserlebnisse, die die Natur uns bereitstellt.

WELCHEN FLEISCHERSATZ GIBT ES?

Jetzt geht's endlich um die Vurst! Ich möchte dir die verschiedenen Grundbausteine von Fleischersatzprodukten vorstellen, damit du dich im Vurst-Dschungel zurechtfindest. Für eingefleischte Veganer (Haha!) ist das wahrscheinlich nichts Neues (ja, du darfst umblättern), für alle anderen, die entweder zu viel Zeit haben oder tatsächlich ihr Wissen erweitern wollen, gibt es nun das mittelgroße Einmaleins der veganen Vurst. Los geht das!

SEITAN: DER TAUSENDSASSA

Seitan besteht aus Gluten – und Gluten ist nichts anderes als das isolierte Klebereiweiß, das quasi aus dem Weizenmehl herausgewaschen wird (das kann man übrigens auch selbst machen, ist aber eine Höllensauerei). Vermischt mit Wasser, hat er zubereitet eine ziemlich fleischähnliche Konsistenz, sodass er für viele Produkte verwendet werden kann. Seitan ist übrigens keine Entdeckung der Neuzeit. Schon vor bereits 1000 Jahren war er bei chinesischen und japanischen Buddhisten hart angesagt. Seinen Namen dagegen bekam der Seitan erst in den 60er-Jahren von George Ohsawa. Dieser kluge Kopf vermarktete ihn im Zuge der makrobiotischen Ernährungslehre in den Westen. Heute können wir fertigen Seitan bereits gewürzt oder natur, frittiert oder in Gestalt von abenteuerlichen Imitaten finden. Außerdem gibt es auch Gluten als Pulver zum Selbstherstellen. Seitan ist einer der Spitzenreiter der pflanzlichen Proteinquellen und low carb. Hui! Probiere, wie und ob du ihn verträgst, manchmal ist die Menge ausschlaggebend.

TEMPEH: DER GEHEIMNISVOLLE

Tempeh ist – sagen wir mal so – der C-Promi in der veganen Kühltheke. Neben den hippen Tofublöcken, Vurstigkeiten wie veganer Chorizo und Seitan-Bauernknackern fristet er ein kleines Schattendasein. Das mag an der unaufgeregten Verpackung liegen, an seinem geheimnisvollen Namen oder an der Tatsache, dass Tempeh ein Charakterdarsteller ist: Entweder man liebt oder hasst ihn. Dabei kann Tempeh was! Er besteht aus gekochten Sojabohnen, die mit verschiedenen essbaren Schimmelpilzkulturen (ähnlich wie beim Käse) zunächst geimpft und anschließend fermentiert werden. Da Tempeh aus der ganzen Sojabohne besteht, hat er einen ziemlich hohen Gehalt an Spurenelementen und anderen essenziellen Nährstoffen. Zudem gilt er durch den Fermentierungsprozess als besonders bekömmlich. Er ist meist nicht Bestandteil eines klassischen Fleischersatzprodukts, dennoch kannst du Tempeh als Fleischalternative nutzen, da er mit seinem nussigen Aroma ein leckerer Begleiter in vielen Gerichten sein kann. Also: Nix wie ran an den Tempeh und ausprobieren!

TOFU: DER KLASSIKER

Wer kennt ihn nicht – den Klassiker, den Traditionalisten unter den Fleischersatzprodukten? Sein etwas eingestaubtes Image aus dem Bioladen der 80er-Jahre hat er längst abgelegt. Nun kommt er als sexy Allrounder ums Eck und hat sich sogar bei den Discountern ins Regal gekämpft. Zu Recht. Ob als Bestandteil von Fleischimitaten oder pur: Tofu gilt aufgrund seiner Neutralität als Alleskönner. Ob süß oder herzhaft, frittiert oder roh – dein Geschmack ist sein Geschmack. Dabei ist Tofu nichts anderes als geronnene Sojamilch. Mithilfe von Calciumsulfat und/oder Magnesiumchlorid bekommt der Tofu seine typische Festigkeit. Eine Ausnahme ist der Seidentofu. Er enthält weniger Gerinnungsmittel, sodass seine Konsistenz einem stichfesten Joghurt ähnelt. Glatt gerührt eignet er sich besonders für cremige Desserts oder auch als Füllung für eine Quiche. Ernährungsphysiologisch hat Tofu einiges auf dem Kasten. So wirkt er basisch, enthält alle essenziellen Aminosäuren und ist grundsätzlich ein kalorienarmer Eiweißlieferant. Wooohooo!

LUPINE: DIE NEUE

Lupine ist der Newcomer unter den Fleischersatzprodukten. Die Alternative zu Soja- und Weizenprodukten wird aus gekochten Süßlupinensamen hergestellt und kommt in vielfältiger Form auf den Teller. Ob Lupinenschnitzel oder -aufstrich: Die Lupine ist ohne Frage auf dem Vormarsch. Besonders für Soja- und Weizenallergiker ist Lupine interessant, da sie wie alle Hülsenfrüchte ziemlich gute Nährstoffwerte liefert. Zudem gelten Lupinen als gentechnisch unverändert und können regional ohne zusätzliche Stickstoffdüngung (weil sie das nämlich allein managen und dabei noch den Boden verbessern — coole Pflanzen!) angebaut werden. Diese Attraktivität hat auch die Wirtschaft erkannt und es kommen immer mehr Lupinenprodukte auf den Markt. Und geschmacklich kann die Lupine locker mit Tofu und Co. mithalten. Probiere es aus!

Dips, Saucen, Pestos 'n' Friends

Hier findest du einige Lieblingsrezepte der Kategorie „Aufstriche für jeden Anlass". Fühle dich bei der Verwendung und Zubereitung frei für eigene Ideen. Wer es schärfer mag, erhöht den Chilianteil. Wer keine wichtigen Termine hat und auf Knobi steht: Rein damit! Und wer öligeres Pesto liebt, nimmt mehr von dem feinen Olivenöl. Aber das Wichtigste ist: Ausprobieren und genießen!

RED PESTO

Für etwa 350 ml

ZUTATEN

1 rote Zwiebel, grob geschnitten
1 Karotte, grob geschnitten
2 Knoblauchzehen, grob geschnitten
1–2 cm frischer Ingwer, grob geschnitten
1 kleine rote Chilischote, entkernt und grob geschnitten
150–200 ml Olivenöl plus etwas zum Anschwitzen
1 TL bunter Pfeffer (ganze Körner)
1 TL Salz
2 TL mildes Paprikapulver
1 TL Rosenpaprika
2 TL getrockneter Bärlauch
1 ½ TL frischer oder getrockneter Rosmarin
1 TL italienischer Kräutermix
½ TL Korianderkörner
1 TL Korianderpulver
1 TL getrockneter Majoran
6–8 Cherrytomaten, grob geschnitten
40 g getrocknete Tomaten, grob geschnitten
Saft von ¼ Limette
2 EL frisches Basilikum
25 g geröstete Pinienkerne (oder Sonnenblumenkerne)

ZUBEREITUNG

Erst die Hälfte der Zwiebel (die andere kommt am Ende roh dazu), Karotten, Knoblauch, Ingwer und Chili in reichlich Olivenöl 3–5 Minuten anschwitzen. Nach und nach die Gewürze einrühren und mit anschwitzen.

Anschließend Cherrytomaten und getrocknete Tomaten hinzugeben, die Hitze reduzieren und weitere 8–10 Minuten köcheln lassen.

Nachdem die Sauce etwas abgekühlt ist, kommen Limettensaft, Basilikum, die rohe Zwiebel und die Hälfte des Olivenöls dazu. Alles mit einem Stabmixer zu einer glatten Masse pürieren. Die Pinienkerne können mitpüriert werden. Wenn es etwas stückiger sein soll: Pinienkerne grob hacken und mit dem Pesto und dem Rest des Olivenöls verrühren.

Lecker zu Pasta, frischem Brot oder Baguette, Pizza und Ofenkartoffeln.

Optional kannst du auch getrocknete Chipotle-Chilis verwenden.

CHILI-BIER-SAUCE
Für etwa 500 ml

ZUTATEN

1 rote Zwiebel, grob geschnitten
2 EL Sonnenblumen- oder Olivenöl
2 EL brauner Zucker
1 EL Chilipulver
1 TL geräuchertes Paprikapulver
1 ½ TL Cayennepfeffer
3 Jalapeños oder Chilischoten, entkernt und grob geschnitten
40 g getrocknete Tomaten, grob geschnitten
4 frische Rispentomaten, grob geschnitten
2 TL Salz (ggf. Rauchsalz)
½ TL Pfeffer
4 EL Melasse
etwa 350 ml helles Bier
2 EL Apfelessig
2 EL Worcestersauce

ZUBEREITUNG

Die Zwiebel in heißem Öl 3–5 Minuten anschwitzen. Dann den Zucker hinzugeben und das Ganze karamellisieren lassen.

Chilipulver, Paprikapulver und Cayennepfeffer zugeben und kurz weiterbraten. Die restlichen Zutaten hinzugeben und ordentlich verrühren. Alles zum Kochen bringen, die Hitze reduzieren und etwa 30 Minuten köcheln lassen. Den dabei entstehenden Schaum abschöpfen.

Alles etwas abkühlen lassen und mit dem Stabmixer pürieren.

Lecker zu gebratenem Tofu, Gemüsebratlingen, Burger und Pommes.

HUMMUS OHNE KICHERERBSEN
Für etwa 450 ml

ZUTATEN

2 mittelgroße Zucchini, grob geschnitten
2–3 Knoblauchzehen, grob geschnitten
200 g Tahini
2 EL Nährhefe
Saft von 2–3 Zitronen
2 ½ TL Meersalz

ZUBEREITUNG

Alle Zutaten mit dem Stabmixer pürieren, bis eine cremige Masse entsteht.

Dieses Hummus ist leichter verdaulich, da es keine Kichererbsen enthält. Lecker zu Rohkost, Falafeln und frischem Brot.

BUTTERNUSSKÜRBIS-LINSEN-AUFSTRICH

Für etwa 500 ml

ZUTATEN

400 g Butternusskürbis,
geschält und grob geschnitten
etwas Olivenöl
100 g Linsen
1 Knoblauchzehe, grob geschnitten
½ Zwiebel, grob geschnitten
30 g Tahini
½ TL Salz
je eine Prise Cayennepfeffer,
Paprikapulver, gemahlener Koriander, Kurkuma
etwa 50 ml Gemüsebrühe

ZUBEREITUNG

Den Backofen auf 200 °C Ober-/Unterhitze vorheizen.

Kürbisstücke auf einem mit Backpapier ausgelegten Backblech mit etwas Olivenöl vermischen und etwa 15 Minuten auf der mittleren Schiene backen, bis alle Stücke sehr weich sind.

Die Linsen mit Wasser bedeckt zum Kochen bringen, etwa 15 Minuten bei mittlerer Temperatur köcheln lassen und dabei gelegentlich umrühren.

Alle Zutaten in eine Schüssel geben, die Gemüsebrühe hinzufügen und mit dem Zauberstab pürieren, bis eine streichfeste Masse entsteht.

Lecker zu frischem oder selbst gebackenem Brot, Rohkost, Kartoffel-Gemüse-Puffern und als Füllung für Blätterteigtaschen.

SCHARFE KORIANDER-AVOCADO-SAUCE

Für etwa 300 ml

ZUTATEN

5 EL Sonnenblumen- oder Olivenöl
3 EL frisch gepresster Limettensaft
1 TL Agavendicksaft
1 TL Salz
1 TL bunter Pfeffer, grob gemahlen
1 reife Avocado, grob geschnitten
2–3 Chilischoten (oder 1–2 Habañeros),
entkernt und grob gehackt
1 cm frischer Ingwer, fein gerieben
1–2 Handvoll frische Korianderblätter, grob gehackt
1 kleine rote Zwiebel, ganz fein gehackt

ZUBEREITUNG

Öl, Limettensaft, Agavendicksaft, Salz und Pfeffer mit der Küchenmaschine, einem Schneebesen oder einer Gabel gut vermischen. Nun die Avocado dazugeben und alles pürieren.

Anschließend Chili, Ingwer und Korianderblätter pürieren, bis eine feine, cremige grüne Sauce entsteht. Zuletzt die Zwiebelstücke unterrühren.

Lecker zu Baguette, Burritos, Grissini, Tortillachips und Rohkost.

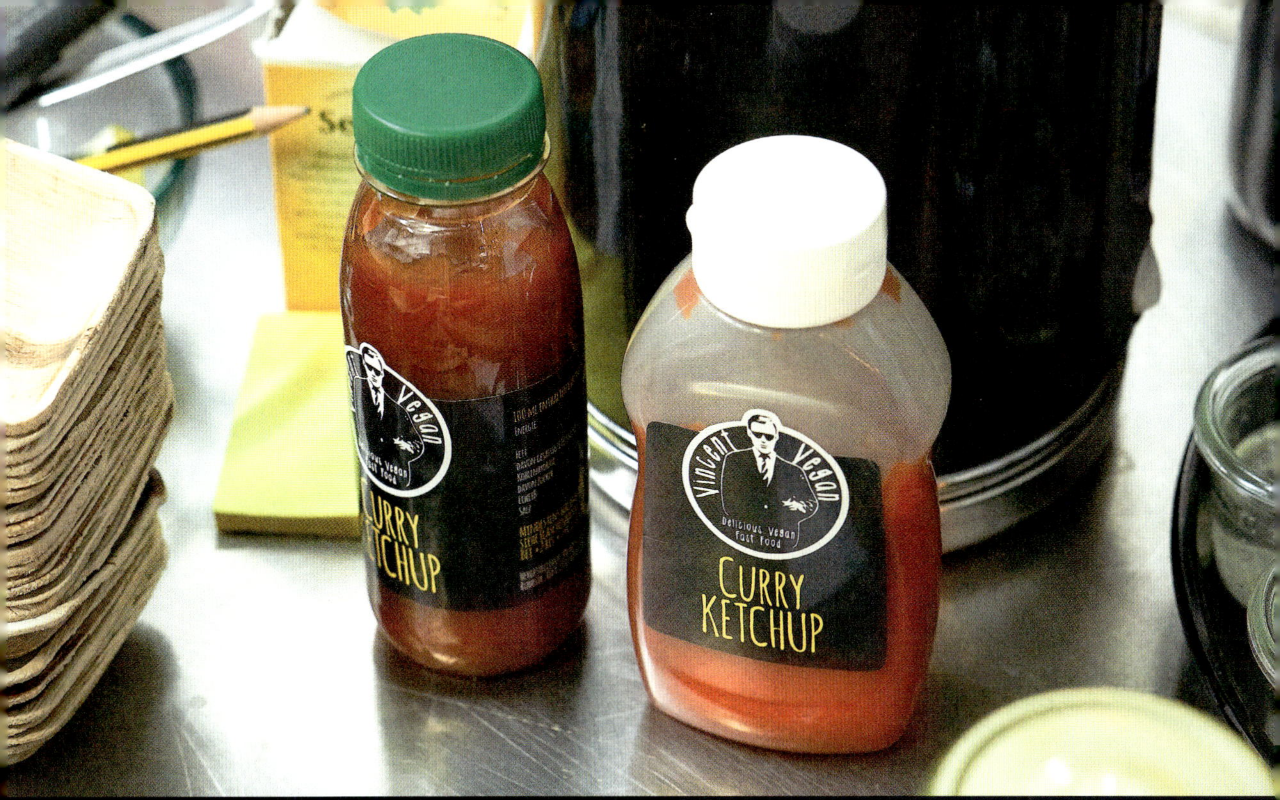
Vincent Vegan
Delicious Vegan Fast Food
CURRY KETCHUP

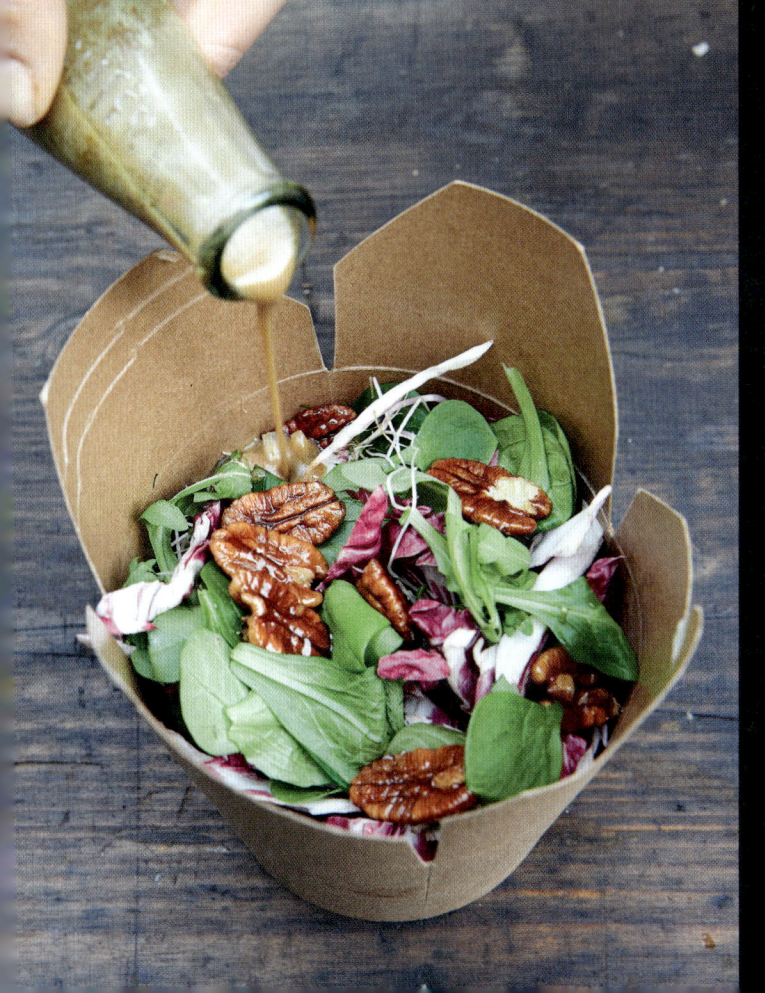

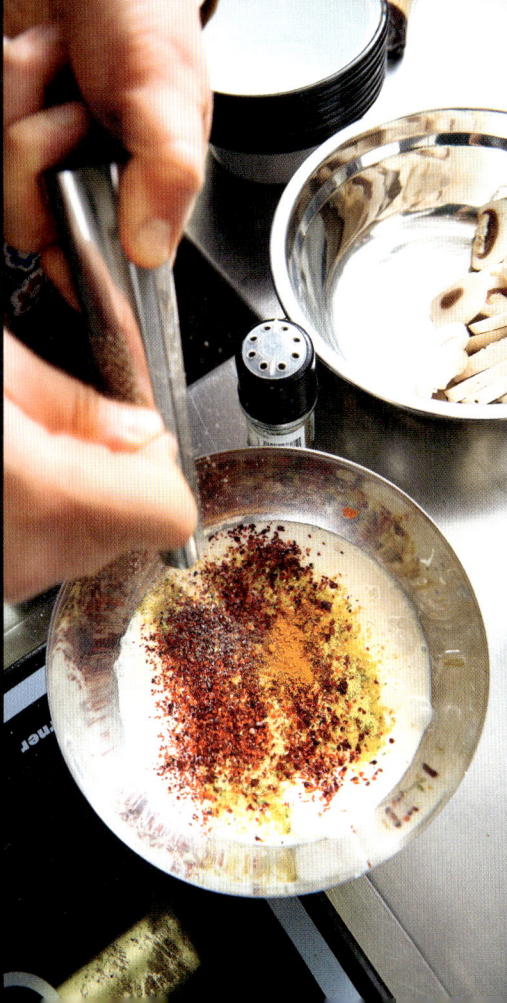

Soulfood

Pasta, Quiche und Co.

Für 3–4 Personen

CHRISTIANS SATÉ-BLACKSEED-KURKUMA-CHICKPEAS

ZUTATEN SATÉ-SAUCE

100 g geröstete und gesalzene Erdnüsse
1 kleine Zwiebel
2 Knoblauchzehen
etwas Olivenöl
½ TL Chilipulver
2 TL Kurkuma
200 ml Kokosmilch
2 EL Sojasauce
3 EL Agavendicksaft
1 EL Limettensaft
Salz
frisch gemahlener Pfeffer

ZUTATEN SATÉ-BLACKSEED-KURKUMA-CHICKPEAS

1 mittelgroße Zwiebel
etwas Olivenöl
600 g Kichererbsen
2 TL Kurkuma
1 TL Chilipulver
½ TL Salz
2 TL Schwarzkümmel

ZUBEREITUNG

Die Erdnüsse im Mixer fein zerhacken. Die Zwiebel und die Knoblauchzehen fein würfeln.

In einer Pfanne etwas Olivenöl erhitzen, Zwiebel und Knoblauch darin anschwitzen. Chilipulver und Kurkuma einrühren und leicht köcheln lassen. Dann Kokosmilch, Sojasauce, Erdnüsse und Agavendicksaft hinzufügen, verrühren und 3–4 Minuten köcheln lassen. Mit Limettensaft, Salz und Pfeffer abschmecken.

Für die Saté-Blackseed-Kurkuma-Chickpeas die Zwiebel fein würfeln. In einer Pfanne etwas Olivenöl erhitzen. Die Zwiebel darin anschwitzen. Die Kichererbsen hinzugeben, ein bisschen rühren, ein bisschen anbraten und sich vermischen lassen.

Kurkuma, Chilipulver und Salz dazugeben, ein bisschen rühren und die sich ergebende Farbe genießen.

Die Saté-Sauce einrühren und alles 2–3 Minuten köcheln lassen. Zum Schluss den Schwarzkümmel einrühren.

Feddich!

Wer Schwarzkümmel nicht kennt: Go easy! Er nimmt geschmacklich viel Raum ein.

Für 4 Personen

NATALIES GEFÜLLTE POLNISCHE PAPRIKA

Ich weiß noch nicht mal, ob dieses Rezept wirklich polnisch ist, aber ich verbinde damit die deutsch-polnische Kultur aus meiner Kindheit und wie meine Mutter netterweise, als ich vegan wurde, dieses Familienrezept für mich mit Tofu abwandelte. Danke, Muddi!

ZUTATEN PAPRIKASCHOTEN

- 150 g Basmatireis
- 1 große rote Zwiebel
- 3 EL Rapsöl
- 250 g Tofu
- 2 EL Tomatenmark
- 2 EL Gemüsebrühe
- 1 EL rosenscharfes Paprikapulver
- Salz
- frisch gemahlener Pfeffer
- 1 Bund Petersilie
- 4 mittelgroße Paprikaschoten

ZUBEREITUNG FÜLLUNG

Den Reis in genügend Wasser so lange kochen, dass er nicht ganz durch ist. Dann durch ein Sieb abschütten und beiseitestellen.

Die Zwiebel in kleine Würfel schneiden. In einer Pfanne etwas Rapsöl erhitzen und die Zwiebel darin bei mittlerer Temperatur anschwitzen.

Währenddessen den Tofu zerkrümeln – einfach mit den sauberen Händen ordentlich reinlangen und zerdrücken.

Die Temperatur etwas erhöhen, den Tofu dazugeben und ihn dann unter gelegentlichem Rühren mindestens 5 Minuten knusprig werden lassen. Tomatenmark hinzufügen und 2 Minuten mit anschwitzen. Alles gut durchmischen.

150 ml Wasser, Gemüsebrühe und Paprikapulver in einem Glas verrühren und rasch mit in die Pfanne geben. Salzen und pfeffern. Das Ganze so lange bei mittelhoher Temperatur köcheln lassen, bis die Flüssigkeit verdampft oder eingezogen ist.

Den Backofen auf 180 °C Ober-/Unterhitze vorheizen.

Petersilienblätter von den Stängeln zupfen, ein paar zum Garnieren beiseitelegen und den Rest fein hacken. Tofuhack und Reis vermengen und mit Salz, Pfeffer und gehackter Petersilie abschmecken.

Den Deckel der Paprikaschoten flach abschneiden, sodass der Strunk noch fest bleibt, und die Kerne und die Trennwände entfernen. Die Tofu-Reis-Mischung relativ dicht und randvoll in die Paprika füllen, den Deckel auflegen und alles in eine hohe backofenfeste Form stellen. Die Form so hoch mit Wasser füllen, dass nichts in die Paprika reinschwappt, und im Ofen 35 Minuten backen.

ZUTATEN SAUCE

400 ml Sojasahne
50 g Tomatenmark
Salz
frisch gemahlener Pfeffer
Saft von ½ Zitrone

ZUBEREITUNG SAUCE

Die Sauce geht ratzfatz – es reicht, wenn sie wenige Minuten vor dem Servieren angerührt wird. In einem Topf Sojasahne, Tomatenmark, Salz und Pfeffer mit einem kleinen Schneebesen verrühren und einmal aufkochen lassen. Den Herd ausschalten und den Zitronensaft unterrühren.

Smacznego! Guten Appetit!

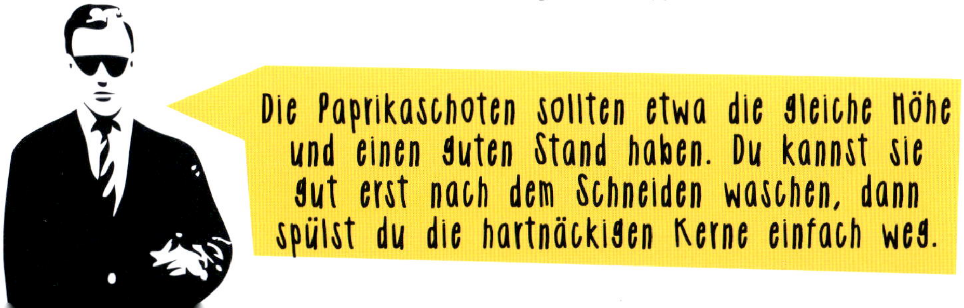

Die Paprikaschoten sollten etwa die gleiche Höhe und einen guten Stand haben. Du kannst sie gut erst nach dem Schneiden waschen, dann spülst du die hartnäckigen Kerne einfach weg.

Caro liebt Hashtags. #lovesthemalot

CARO

SEIT WANN BIST DU EIN VINCI?
Ich war von September 2015 bis Januar 2016 im Team V. Natürlich bleibe ich im Herzen immer ein Vinci. ;-)

UND WARUM ÜBERHAUPT? „BRAUCHTE EINEN JOB" ZÄHLT AUCH.
a) Pommesduft statt Druckerstau. b) Eine tolle Sache. c) Die Getränkeauswahl im Personal-Kühlschrank war gut.

WER ZUM TEUFEL IST EIGENTLICH VINCENT?
Frage ich mich auch jeden Tag. Dieser Typ ist ja nur unterwegs. Manchmal entdecke ich Reste von Haargel im Waschbecken der Base. Das MUSS er gewesen sein!

WIE BEZIEHUNGSWEISE WO HAST DU IHN KENNENGELERNT?
Erinnerst du dich noch an den 5-Dollar-Milchshake? Tja, den habe ich damals gemacht.

DU ERFÜLLST GENAU WELCHEN ZWECK BEI VINCENT VEGAN?
Fritten-Queen, Grilldompteurin, Truckpilotin, Vurstplattenartistin und selbst ernannte Nachtischbeauftragte.

WARUM REIN PFLANZLICH?
Warum nicht?

LIEBLINGSFUTTER?
Apfelpfannkuchen mit Tomatensuppe. In genau DIESER Kombination.

WAS SOLLTE DIE WELT VON DIR ERFAHREN BEZIEHUNGSWEISE LERNEN?
In jedes gute Essen (auch in jeden Kuchen!) gehört ein Schlückchen Wein!

Für 2–3 Personen

CAROS "BLUBB"-NUDELN (NEUMODISCH AUCH ONE-POT-PASTA)

Kindheitserinnerung. Geht ruck, zuck. Sieht nicht so schön aus, schmeckt aber geil.

ZUTATEN

etwa 200 ml ungesüßte Mandelmilch (etwas cremiger wird's mit Mandelsahne)
200 ml trockener Weißwein (oder der schale Sekt von gestern Nacht)
etwas körnige Brühe
Salz
frisch gemahlener Pfeffer
Zucker
frisch geriebene Muskatnuss
Paprikapulver
Chilipulver nach Geschmack
300 g Nudeln nach Wahl (Vollkorn-, Dinkel-, glutenfreie Nudeln)
350–500 g TK-Blattspinat (oder frischer Spinat, dann ruhig die doppelte Portion nehmen)
1 Zwiebel, fein gehackt
2 Knoblauchzehen, gepresst
Schalenabrieb und Saft von 1 unbehandelten Zitrone
2 EL Mandelmus

OPTIONAL ALS TOPPING

Räuchertofu, in kleine Würfel geschnitten
Pinienkerne
Cocktailtomaten
frischer Spinat

ZUBEREITUNG

Mandelmilch und Wein mischen, mit körniger Brühe, Salz, Pfeffer, Zucker, ordentlich Muskat, etwas Paprikapulver und Chilipulver nach Geschmack würzen.

Nudeln, gefrorenen Spinat, Zwiebel und Knoblauch in einen Topf geben und mit dem Milch-Wein-Sud knapp bedecken. Alles umrühren. Deckel drauf. Herd an. Das Ganze sollte nun etwa 10 Minuten leise köcheln. Ab und zu umrühren und bei Bedarf noch etwas Flüssigkeit nachgießen.

Optional nun parallel dazu den Räuchertofu anbraten, Pinienkerne fettfrei anrösten und/oder die Cocktailtomaten vierteln. Vom frischen Spinat ein paar Blätter als Garnitur beiseitelegen.

Wenn die ganze Flüssigkeit von den Nudeln aufgesaugt worden ist, nochmals nachwürzen, mit etwas Zitronensaft und/oder -abrieb abschmecken, das Mandelmus und die optionalen Zutaten untermischen. Dann essen. Blubb!

"One-Pot-Pasta" sagen nur MILFs. Ich nenne es "Veldbusch Revegan Pasta".

Für 1 Quicheform oder 1 Springform (Ø 26 cm)

CAROS GEILE GEMÜSEQUICHE

#zugeilfürdeinenofen #kaltequicheschmecktgeiler #gehtimmer

ZUTATEN QUICHETEIG

300 g Vollkorn-, Weizen- oder Dinkelmehl (Whatever!)
2 TL Backpulver
2 TL Meersalz
175 g Pflanzenmargarine
1 Prise Zucker

ZUTATEN BELAG

etwas Olivenöl
100–150 g Räuchertofu, in Würfel geschnitten
1 kleine Lauchstange, in feine Ringe geschnitten
1 Handvoll Gemüse nach Wahl, in Würfel geschnitten
1 Chilischote, klein gehackt
Salz
frisch gemahlener Pfeffer
1 Prise Zucker
1 Spritzer Weißwein
40 g Speisestärke
400 ml Sojasahne (alternativ Mandelsahne oder Hafersahne)
etwas Muskatnuss, frisch gerieben
etwas Kurkuma
1 Handvoll Champignons zur Deko

OPTIONAL

frische Kräuter je nach Gemüse und Saison

ZUBEREITUNG

Für den Quicheteig alle Zutaten mit 50–70 ml kaltem Wasser zu einem homogenen Mürbeteig verkneten, in Klarsichtfolie wickeln und im Kühlschrank ruhen lassen. Step 1: Check!

Den Backofen auf 180 °C Ober-/Unterhitze vorheizen.

In einer Pfanne etwas Olivenöl erhitzen und den Tofu darin schön knusprig anbraten. Nun das Gemüse und die klein gehackte Chilischote dazugeben. Leicht mit Salz, Pfeffer und Zucker würzen. Nach Geschmack etwas Weißwein hinzufügen.

Die Stärke mit der Sahne vermischen und glatt rühren. Das Ganze kräftig mit Salz, Pfeffer und Muskat würzen. Soll der Belag etwas farbiger sein, noch etwas Kurkuma hineinrühren. Nach Lust und Laune mit frischen Kräutern würzen.

Den Mürbeteig in einer gefetteten Quiche- oder Springform verteilen, den Rand hochziehen und mit einer Gabel mehrmals in den Boden stechen, um spätere Luftblasen zu vermeiden. Nun das Gemüse in die Form geben, alles mit der Sahnemischung übergießen und im Ofen etwa 40 Minuten backen.

In der Zwischenzeit die Champignons in Scheiben schneiden und in etwas Öl goldbraun anbraten.

Wenn die Oberfläche der Quiche sich fest anfühlt, ist sie gut. Aus dem Ofen nehmen und etwas abkühlen lassen, sodass die Quiche bindet.

Champignonscheiben auf die Quiche legen und servieren. Wooohooo! Lafer kann einpacken!

Diesen Traum von geiler Quiche kannst du lauwarm oder aber auch kalt als Büro-Lunch genießen.

Für 1 große Auflaufform

DIP IT LIKE IT'S HOT – CAROS WÜRZIGES OFENGEMÜSE MIT AVOCADO-DIP

#alleskannnixmuss #avocadoforpresident #healthyfood
#muddaproofed #daskindisstwasgesundes

ZUTATEN OFENGEMÜSE

Gemüse, bis die Auflaufform zu zwei Dritteln voll ist (Paprika, Auberginen, Karotten, Zucchini, Kürbis, Süßkartoffeln, Rote Bete, Pilze)

ZUTATEN MARINADE

1 EL Pimentkörner
2 EL brauner Zucker
1 Knoblauchzehe, fein gehackt
Salz
frisch gemahlener Pfeffer
3 EL Balsamico-Essig
1 Prise Chilipulver
1 Prise Zimt
5 EL Olivenöl

ZUTATEN AVOCADO-DIP

2 Avocados
250 g ungesüßter Naturjoghurt
½ Knoblauchzehe
Zitronensaft
gemahlener Koriander
Salz
frisch gemahlener Pfeffer
Chilipulver nach Geschmack

ZUBEREITUNG

Den Backofen auf 230 °C Ober-/Unterhitze vorheizen.

So viel Gemüse in eine ofenfeste Auflaufform schnibbeln, wie der Hunger groß ist. Dabei darauf achten, dass besonders Karotten und Rote Bete längere Garzeiten haben – die deshalb etwas dünner/kleiner als die anderen Gemüsesorten schneiden. Generell aber ruhig gröber arbeiten, sonst wird es schnell Gemüsematsch.

Für die Marinade Pimentkörner, Zucker, Knoblauch, Salz, Pfeffer und Balsamico-Essig mörsern. Je eine Prise Chilipulver und Zimt runden das Ganze ab. Nun das Olivenöl unterrühren.

Marinade und Gemüse vermengen und alles 20–30 Minuten in den Backofen stellen. Für einen coolen Wow-Effekt das Gemüse nach der Hälfte der Garzeit auf Schaschlikspieße stecken und so weitergaren.

Avocados mit Naturjoghurt und Knoblauch pürieren. Mit Zitronensaft, etwas Salz, Pfeffer, Chilipulver und gemahlenem Koriander abschmecken. Für größere Portionen einfach die Anzahl an Avocados und Joghurt erhöhen. Easy-peasy!

Ofengemüse mit dem Dip servieren – und reinhauen!

Vincents Tipp

Achtung, einige Balsamico-Sorten sind nicht vegan! Achte beim Einkauf darauf.

Falls du noch ein Date hast, lass den rohen Knoblauch im Dip weg. Oder nimm die doppelte Portion. Je nachdem ...

Für 4 Personen
Für normalhungrige Party People –
obwohl: „3 ist 'ne Party …".

CAROS BOHNENEINTOPF MIT EXTRAVURST

#vorglühen #katersuppe #konterwein #gibtesnochsuppe? #bohnensindgesund #suppenkasper

ZUTATEN

Öl zum Anbraten
200 g würziger Räuchertofu, klein gewürfelt
2 Zwiebeln, gewürfelt
2–3 Kartoffeln, klein gewürfelt
geräuchertes Paprikapulver nach Geschmack
mildes Paprikapulver nach Geschmack
Chilipulver nach Geschmack
Salz
frisch gemahlener Pfeffer
500 ml trockener Rotwein
(oder mehr für den Koch)
2–3 große Dosen weiße Bohnen (oder Lieblingsbohnen; gern die mit Suppengemüse)
1 kleine Flasche Ketchup
1 Lorbeerblatt
Thymian nach Geschmack
Majoran nach Geschmack
Bohnenkraut nach Geschmack
etwas körnige Brühe nach Geschmack
etwas Agavendicksaft
2 vegane Chorizos/Räuchervürstchen
(oder Lieblingsvurscht)
etwas ungesüßter Naturjoghurt
(z. B. Provamel Zero Sugar)
oder vegane Crème fraîche/Sahne

ZUBEREITUNG

In einem großen Topf etwas Öl erhitzen. Räuchertofu, Zwiebeln und Kartoffeln darin anbraten – es dürfen ruhig Röstaromen und ein leichter Bratensatz entstehen. Mit geräuchertem Paprikapulver, Paprika- und Chilipulver, Salz und Pfeffer würzen.

Mit Rotwein ablöschen. Dann die Bohnen, den Ketchup und das Lorbeerblatt dazugeben. Zugegeben: Es wirkt befremdlich – aber keine Angst, Ketchup und Rotwein harmonieren bestens. (Und weil eine halbe Flasche Rotwein blöd ist und sonst nur viel zu lange in der Küche rumsteht, genehmigst du dir natürlich auch einen Schluck.)

Nochmals mit Salz, den Kräutern und etwas Brühe abschmecken. Vor allem das Bohnenkraut und der Thymian rocken zusammen! Für die individuelle Säure-Süße-Balance entweder mehr Ketchup, mehr Rotwein oder etwas Agavendicksaft dazugeben – ganz nach Geschmack. Die Suppe lebt von diesem Zusammenspiel!

Alles leicht köcheln lassen, bis die Kartoffeln weich sind. Dann noch einmal abschmecken und die Vürstchen reinschnibbeln.

Die Suppe mit einem Klecks Naturjoghurt servieren. Ganz verrückte People binden die Suppe direkt mit etwas Hafer-, Soja- oder Mandelsahne ab.

Prost!

Obacht beim Partyflirt!

Für 4 Personen

CARINAS GREEN MASSAKER

ZUTATEN

400 g Pasta
(gern Buchweizen- oder glutenfreie Pasta)
2 weiße Zwiebeln
5 EL Olivenöl
2 reife Avocados
Saft von ½ Zitrone
(nach Geschmack etwas mehr)
1–2 Knoblauchzehen
(optional, je nach Vorliebe)
1 EL Mandel- oder Cashewmus
für mehr Creaminess (optional)
1 TL Salz
frisch gemahlener Pfeffer
150 g süße Cocktailtomaten

ZUBEREITUNG

Die Pasta nach Packungsanweisung al dente kochen.

Die Zwiebeln in Ringe oder kleine Würfel schneiden. In einer Pfanne 1 EL Olivenöl erhitzen und die Zwiebeln darin 10 Minuten bei geringer bis mittlerer Temperatur anschwitzen, bis sie leicht braun sind.

Währenddessen die Avocados mit Zitronensaft, Knoblauchzehen, Nussmus, Salz und Pfeffer pürieren. Dann langsam das restliche Olivenöl zu der cremigen Masse geben und erneut mixen, bis sich das Öl mit dem Rest verbindet.

Cocktailtomaten in kleine Würfel schneiden und mit den Zwiebeln unter den Avocadomatsch heben. Grüne Masse unter die Nudeln mischen – feddich ist das Massaker!

Pasta geht immer. Pasta bleibt immer. Pasta! Basta!

Für 10 Pfannekuche

ALIS PFANNEKUCHE MIT SAHNE-LAUCH-QUATSCH

ZUTATEN PFANNEKUCHE

350 g Weizenmehl
(Type 405; geht aber mit allen anderen Mehlsorten, je nachdem, was man geschmacklich mag; Buchweizen passt hervorragend)
600 ml Pflanzenmilch (hier Hafermilch)
1 EL Olivenöl
1 Prise Salz

ZUTATEN SAHNE-LAUCH-QUATSCH

1 Lauchstange
1 Spritzer Weißwein
250 ml Pflanzensahne (hier Sojasahne)
Salz
frisch gemahlener Pfeffer
frisch geriebene Muskatnuss
Gemüsebrühe nach Geschmack
Schwarzkümmel nach Geschmack
Pinienkerne

AUSSERDEM

Rapsöl zum Backen und Anschwitzen

ZUBEREITUNG

Für die Pfannekuche am besten zwei beschichtete Pfannen auf dem Herd mit einem winzigen Schuss Rapsöl etwas über mittlerer Temperatur erhitzen.

Währenddessen alle Zutaten für die Pfannekuche in einer Schüssel mit dem Schneebesen verrühren. Der Teig soll flüssig sein, sodass man ihn in der Pfanne schwenkend verteilen kann. Wenn die Pfannen richtig heiß sind, mit einer Schöpfkelle den Teig in die Pfanne geben und schwenkend gleichmäßig dünn verteilen.

Ist der Teig auf der Oberseite nicht mehr flüssig, kann der Pfannekuche das erste Mal gewendet werden. Einfach trauen und einmal in der Luft flippen! Wenn beide Seiten die gewünschte Farbe haben, den Pfannekuche auf einen Teller geben und im auf 80 °C vorgeheizten Ofen warm halten.

So lange wiederholen, bis der Teig aufgebraucht ist.

Für den Sahne-Lauch-Quatsch den Lauch putzen, waschen und in Ringe schneiden. In einer Pfanne etwas Rapsöl erhitzen und den Lauch darin anschwitzen. Mit Weißwein ablöschen und kurz köcheln lassen. Wenn der Lauch komplett glasig ist, mit Sahne auffüllen und mit Salz, Pfeffer und Muskat würzen. Wer mag, kann auch ein bisschen Brühe hinzugeben.

Schwarzkümmel und Pinienkerne in einer separaten Pfanne ohne Fett erhitzen, bis die Pinienkerne leicht braun werden.

Schwarzkümmel und Pinienkerne zum Sahne-Lauch-Quatsch schmeißen, Tisch decken, Rest des Weißweins in die Gläser füllen, Pfannekuche und Sahne-Lauch-Quatsch auf Tellern anrichten – und besten Appetit!

Die Pfannekuche schmecken auch mit Apfelmus, Schokocreme oder Eis fantastisch!

> Man nennt ihn auch "den Kanzler" und es wurde bereits eine Pizza nach ihm benannt.

ROBBY

SEIT WANN BIST DU EIN VINCI?
Seit März 2015.

UND WARUM ÜBERHAUPT? „BRAUCHTE EINEN JOB" ZÄHLT AUCH.
Es war Zeit für etwas Neues.

WER ZUM TEUFEL IST EIGENTLICH VINCENT?
B. O. A. (Back Office Agent).

WIE BEZIEHUNGSWEISE WO HAST DU IHN KENNENGELERNT?
Bisher hatte ich noch nicht das Vergnügen.

DU ERFÜLLST GENAU WELCHEN ZWECK BEI VINCENT VEGAN?
Food Preparer.

WARUM REIN PFLANZLICH?
Vom Arzt verordnet.

LIEBLINGSFUTTER?
Brokkoli.

WAS SOLLTE DIE WELT VON DIR ERFAHREN BEZIEHUNGSWEISE LERNEN?
„Wie jede Blüte welkt und jede Jugend
Dem Alter weicht, blüht jede Lebensstufe,
Blüht jede Weisheit auch und jede Tugend
Zu ihrer Zeit und darf nicht ewig dauern.

Es muss das Herz bei jedem Lebensrufe
Bereit zum Abschied sein und Neubeginne,
Um sich in Tapferkeit und ohne Trauern
In andre, neue Bindungen zu geben.

Und jedem Anfang wohnt ein Zauber inne,
Der uns beschützt und der uns hilft zu leben."

aus „Stufen" von Hermann Hesse (1941)

Für 2 Personen

ROBERTS DINKELSPAGHETTI MIT ROTER BETE UND RÄUCHERTOFU

ZUTATEN

200 g Räuchertofu
400 g vorgekochte oder frische Rote Beten
1 große rote Zwiebel
3 Knoblauchzehen
1 cm frischer Ingwer
etwa 200 g Dinkelspaghetti
etwas Olivenöl
etwas Rapsöl
etwas Sesamöl
2 TL Korianderpulver
1 TL Pfeffer
1 TL Kurkuma
4 TL getrockneter Bärlauch
1 TL Salz
1 TL Rauchsalz
1 TL Kreuzkümmelpulver
2 TL frischer oder getrockneter Rosmarin
1 ½ TL Chilipulver oder 1–2 frische Chilischoten

AUSSERDEM

geröstete und gesalzene Kürbiskerne
Kürbiskernöl
Hefeflocken

ZUBEREITUNG

Räuchertofu, Rote Beten, Zwiebel, Knoblauch und Ingwer möglichst klein schnibbeln beziehungsweise häckseln.

Dinkelspaghetti in kochendem Salzwasser nach Packungsanweisung garen.

Räuchertofu, Zwiebel, Knoblauch und Ingwer in Oliven-, Raps- und einem Schuss Sesamöl anschwitzen. Wenn alles etwas knusprig ist, Rote Beten dazugeben und weitere 3–4 Minuten anbraten.

Alles mit den gekochten Nudeln vermengen, mit den Gewürzen abschmecken und anschließend geröstete und leicht gesalzene Kürbiskerne untermischen.

Mit etwas Kürbiskernöl anrichten und mit einigen Kürbiskernen und eventuell Hefeflocken bestreuen.

Macht euch ruhig was auf Reserve. 'Nen Tach später schmeckt das mindestens genauso geil.

Für 2–3 Personen

ROBERTS SEMMELKNÖDEL MIT KOKOS-BÄRLAUCH-SAUCE UND BRATGEMÜSE

ZUTATEN KNÖDEL (ERGIBT ETWA 7 STÜCK)

200 g altbackene Semmeln/Brötchen (gern auch Vollkorn-Saatensemmeln)
40 g Petersilie, klein gehackt
4–5 EL Kichererbsen- oder Sojamehl
½ TL Pfeffer
1 ½ TL Koriander
1 TL Muskat
1 TL Salz
1 ½ TL Gemüsebrühe
200 ml Pflanzenmilch
(Soja-, Hafer- oder Dinkelmilch)
2 EL Olivenöl

ZUBEREITUNG KNÖDEL

Für die Knödel die Semmeln zerhacken, zerbrechen oder zerbröseln und mit allen anderen Zutaten vermengen. Die Masse 20 Minuten ziehen lassen. Dann die Knödel formen, in reichlich kochendes Salzwasser geben, kurz aufkochen und bei milder Temperatur etwa 15 Minuten gar ziehen lassen. Vorsichtig herausheben und abtropfen lassen.

ZUTATEN SAUCE

1 Zwiebel, klein gehackt
1 cm Ingwer, klein gehackt
etwas Olivenöl
½ TL gemahlene Bockshornkleesamen
1 TL Paprikapulver
½ TL gemahlener Kreuzkümmel
¼ TL Kurkuma
½ TL Pfeffer
Salz
1 Spritzer Sojasauce
1 Spritzer Sesamöl
400 ml Kokosmilch
4–5 EL Bärlauch aus dem Glas
(z. B. von bio-verde in Sonnenblumenöl;
alternativ frischer Bärlauch)

ZUTATEN BRATGEMÜSE

1 kleine Fenchelknolle
1 Zucchini
½ Lauchstange
2–3 Karotten
etwas Olivenöl oder Kokosfett
1 ½ TL Kreuzkümmel
frisch gemahlener Pfeffer
Salz

AUSSERDEM

geröstete Kürbis-
und/oder Sonnenblumenkerne

ZUBEREITUNG SAUCE

Zwiebel und Ingwer in heißem Olivenöl kurz anschwitzen. Dann die Gewürze, Sojasauce und Sesamöl dazugeben. Anschließend die Temperatur reduzieren, Kokosmilch und Bärlauch hinzufügen und gut verrühren. Noch einige Minuten einkochen.

ZUBEREITUNG BRATGEMÜSE

Das Gemüse nach Lust und Laune schneiden. Wer gern auf mehr beißt, schneidet größere Stücke – oder eben etwas kleinere –, in Ringe, Würfel, Stifte. Alles in etwas Olivenöl oder Kokosfett knackig braten. Würzen und fertig.

Alles auf Tellern anrichten, noch eine Handvoll Kerne darauf verteilen und los geht's.

Selbst gemachte Knödel sind auch eine Art von Recycling.

DANS LASAGNE

Diese Lasagne dauert ein bisschen – du wirst aber durch ein feines Essen belohnt und mit Harry Belafonte im Ohr kann sowieso nichts schiefgehen. Erst einmal setzt du die Sauce an. Wenn die dann kocht, kannst du nebenbei den Rest vorbereiten, bevor es ans Bauen der Lasagne geht.

ZUTATEN SAUCE

- 2 rote Zwiebeln
- 3 Knoblauchzehen
- Salz
- Olivenöl
- 1 kräftiger Schuss Rotwein
- 1–2 TL Thymian
- 1,2 kg gehackte Tomaten
- brauner Zucker nach Geschmack
- Oregano nach Geschmack
- rosenscharfes Paprikapulver nach Geschmack
- frisch gemahlener Pfeffer

ZUBEREITUNG SAUCE

Die Zwiebeln fein würfeln, ebenso den Knoblauch. Knoblauch und etwas Salz mit einer Gabel zu einer Masse zerdrücken. Die Masse muss keine Creme werden, es ist am schönsten, wenn der Knoblauch verschieden groß ist.

Reichlich Olivenöl in einem weiten Topf erhitzen und die Zwiebeln darin glasig anschwitzen. Nach Möglichkeit nicht braun werden lassen, das eine oder andere Röstaroma bringt uns aber nicht um.

Die Zwiebeln mit Rotwein ablöschen, Thymian hinzugeben. Bei den Kräutern muss man ein wenig Gefühl walten lassen, generell passen hier 1–2 TL Thymian. Zwiebeln, Rotwein und Thymian ein wenig einkochen lassen.

Tomaten dazugeben. Ob man nun gehackte Tomaten aus der Dose verwendet oder sich die Zeit nimmt, 1,2 kg Tomaten zu würfeln, ist egal. Das Einzige, worauf es ankommt, ist, dass es vernünftige Tomaten sind. Sind die Tomaten nur Wasserbehälter in roter Schale, schmeckt die Sauce später auch nach Wasser – logisch!

Knoblauch hinzufügen, Sauce einkochen lassen. Warten. Warten. Warten. Die Sauce soll schön eingekocht und nicht mehr zu flüssig sein, sonst wird die Lasagne wässrig. Wenn man die Tomatensauce mit einem tiefen Löffel gut aus dem Topf nehmen kann und keine Wasserpfützen mehr zu sehen sind, dann ist sie gut.

Kurz vor Schluss mit braunem Zucker, Oregano, Paprikapulver, Salz und Pfeffer würzen.

Da die Sauce während des Kochens nicht allzu viel Aufmerksamkeit erfordert – aber nicht anbrennen lassen! –, kann man sich in der Zwischenzeit dem Rest zuwenden.

ZUTATEN EINLAGE

4 rote Paprikaschoten
3 Auberginen
Salz
3 Zucchini
3 Knoblauchzehen

AUSSERDEM

Lasagneplatten
Semmelbrösel

ZUBEREITUNG EINLAGE

Den Grill im Backofen anwerfen, die Paprika halbieren, entkernen und mit der Außenseite nach oben auf ein mit Backpapier ausgelegtes Backblech legen. Paprika unter den Grill legen.

Auberginen waschen und der Länge nach in Scheiben schneiden. Die Scheiben auslegen und salzen. Nach einer Weile wenden und von der anderen Seite salzen. Zucchini waschen und der Länge nach in Streifen schneiden.

Ein zweites Backblech mit Backpapier auslegen. Die Auberginen mit einem Küchentuch abtupfen und eine Lage auf dem Backblech auslegen. Mit Olivenöl beträufeln.

Wenn die Haut der Paprika schwarz ist und Blasen wirft, Paprika aus dem Ofen nehmen und die erste Ladung Auberginen unter den Grill legen.

Jetzt mehrere Dinge gleichzeitig tun: Haut der Paprika abziehen und das Fruchtfleisch beiseitelegen. Darauf achten, dass die Auberginen gegrillt werden, sie aber aus dem Ofen nehmen, bevor sie verbrennen. Steht die Sauce noch auf dem Herd? Wenn ja, dann sollte sie mittlerweile fertig sein.

Sauce fertig, Paprika gehäutet, die erste Ladung Auberginen ist gegrillt und das Backblech gerade aus dem Ofen gezogen. Mit einer weiteren Ladung Auberginenscheiben verfahren wie mit dem ersten Blech.

Weil gerade nichts zu tun ist, Olivenöl in einer Pfanne erhitzen. Die Knoblauchzehen mit der flachen Seite eines Messers andrücken und ins Öl geben. Die Zucchinischeiben dazugeben und auf beiden Seiten anbraten.

Wenn jetzt a) die Sauce fertig ist, b) die Auberginen gegrillt, c) die Paprika gehäutet und d) die Zucchini angebraten sind, kann der Grill ausgestellt und der Backofen auf 160 °C Ober-/Unterhitze vorgeheizt werden.

Musik: Harry Belafonte – Best of

LASAGNE BAUEN

Eine Auflaufform gut mit etwas Olivenöl einstreichen und nun die Lasagne bauen: eine Schicht Lasagneplatten hineinlegen, dann eine Schicht Auberginen daraufgeben, komplett mit Sauce bedecken, wieder eine Schicht Lasagneplatten, nun eine Lage Zucchini drauf und wieder mit Sauce bedecken. Dann folgen wieder Lasagneplatten, eine Schicht Paprika und Sauce. Das Ganze noch mal wiederholen. Semmelbrösel auf die letzte Lage streuen. Wer Einlage übrig hat, hat schon mal eine Vorspeise.

Die Lasagne auf der mittleren Schiene im Ofen etwa 25 Minuten backen – je nach Packungsangabe, aber nicht alles glauben, was draufsteht. Wenn eine Gabel gut bis zum Boden durchzustechen ist, dann ist die Lasagne gut.

Lasagne aus dem Ofen holen, in Stücke schneiden – und mit Freunden essen!

Gewürze

INGWER, KURKUMA, SCHWARZKÜMMEL – THREE MUSKETEERS

Mami sagte immer: „Iss viel Gemüse und Obst, dann wirst du bestimmt nicht krank." Heute sagt man: „Iss viel bei dem ‚Restaurant' mit dem gelben M und alles ist cool, denn Gemüse ist halt gefährlich." Ja, man sagt heute, vegan leben sei gefährlich. Stimmt auch, wenn man bedenkt, wie viele Leute täglich von einer Kokosnuss erschlagen werden. Diese fiesen braunen Kugeln, die vom Himmel regnen und es nur darauf abgesehen haben, dich und deine böse Ernährung zu ermorden. Huiuiuiuiui! Aber es ist doch so: Du musst dieses fiese Gemüse gar nicht essen, denn es gibt ja Gewürze. Die Sterbequote bei Tod durch Gewürze ist deutlich niedriger, denn die Wahrscheinlichkeit, von einem Gewürz erschlagen zu werden, ist extrem gering. Gewürze sind das neue Fast Food. Gewürze sind die neue Medizin. Gewürze sind Gemüse und Erleuchtung zugleich. Na ja, Erleuchtung war jetzt vielleicht etwas drüber.

Aber ehrlich: Was gibt's denn Besseres als Gewürze? Letztendlich ist das schönste Stück Fleisch nix ohne seine Gewürze. Also kannst du das Fleisch auch gleich weglassen und die Gewürze so futtern.

Ich will dir drei wunderbare Gewürze vorstellen und berichten, was sie tun und was du damit machen kannst. Zugegeben: Es sind drei Gewächse, die man entweder liebt oder hasst. Wenn man sie hasst, dann empfehle ich jedem, sie sich trotzdem reinzuzwingen. Am besten Schwarzkümmel und Kurkuma zuerst und dann Ingwer gegen die Übelkeit hinterher. Es lohnt sich. Lies und überzeuge dich selbst!

INGWER

Pharmazeutisch bezeichnet man den Ingerwurzelstock als Zingiberis rhizoma. Ist das nicht süß? Zingiberis rhizoma hört sich an wie ein Rhinozeros-Bär aus Asien. Aber ich schweife ab ... Ingwer gehört zur Familie der Ingwergewächse (wer hätte das gedacht) und seine botanische Bezeichnung lautet Zingiber officinale. Gäbe es keinen Ingwer, wäre schon so manche Magenverstimmung in die Hose gegangen. Im wahrsten Sinne des Wortes, denn er ist wunderbar geeignet gegen jede Magenverstimmung und sowieso lindert er so viele Beschwerden, dass ich ein Buch damit füllen könnte. Keinen kleinen Groschenroman, nein, eher ein A-bis-Z-Lexikon. Und die Schulmedizin fängt gerade erst an, dieses Wundergewächs zu erforschen. Die traditionelle Heilmedizin der Chinesen, Inder und Japaner ist schon länger so schlau und lindert damit Migräne, Muskelschmerzen, Übelkeit und Erbrechen (auch in der Schwangerschaft), Magen-Darm-Beschwerden, chronischen Husten und Erkältungen und sogar Arthrose und Arthritis. Heftig, ne?

Ingwer hat eine schmerzstillende wie entzündungshemmende Wirkung und steht laut Studien einem handelsüblichen Schmerzmittel in nichts nach. Also weg mit dem ganzen Tablettenzeuch! Manche meinen, Ingwer roh essen zu müssen. Das ist dann doch eher wie Haarbüschel zu essen. Aber hey, jedem Tierchen sein Pläsierchen. Am liebsten mache ich mir gleich morgens einen Tagesvorrat, püriere Ingwer mit Wasser, erhitze das Ganze und fülle es nach Abkühlung in meine Flaschen ab. Gern kannst du ihn auch ins heiße Wasser reiben, damit er möglichst ungebändigt wirken kann. Je schärfer, desto besser! Das ist natürlich auch mit Pflanzenmilch möglich. Traditionell ist Ingwer in vielen asiatisch angehauchten Gerichten der Knaller – ob in einer leckeren Erdnuss-Ingwer-Sojasaucen-Mischung oder in tollen indischen Currys. Wie lof se ginger!

KURKUMA

Kurkuma – auch Curcuma longa genannt – ist unser zweites Wundergewürz. Es kommt ebenfalls aus der Familie der Ingwergewächse, ist außerdem als Gelbwurzel bekannt und gibt unter anderem dem Currypulver seine wunderbar gelbe Farbe. Auch wenn der botanische Begriff für dieses Gewächs verdächtig pornös klingt, hat er nichts damit zu tun, Ehrenwort! In der Wirkung ist Kurkuma eher noch großartiger, als der Name vermuten lässt. Darunter soll die Linderung und Heilung von Krebs und Alzheimer durch ihre reinigende und energiespendende Wirkung fallen. Say what? So far, so good. Vor allem soll Kurkuma eine vorbeugende Wirkung bei Lungen-, Darm- und Lebererkrankungen haben. Und da sie wie der Ingwer eine stark entzündungshemmende Wirkung hat, ist auch hier so manche Schmerztablette überflüssig. Obwohl Kurkuma aus der Ingwerfamilie kommt, ist sie keinesfalls mit Schärfe ausgestattet. Ihr wird eher ein moschusartiger Geschmack nachgesagt. In Speisen sollte sie deshalb nicht zu üppig verwendet werden, da sie schnell eine gewisse Dominanz im Gericht einnehmen kann, die etwas gewöhnungsbedürftig ist.

Übrigens: In den Ingwertee kannst du gern auch etwas Kurkuma geben. Entweder rührst du das Kurkumapulver mit Wasser im Verhältnis 1:2 unter Hitze zu einer Paste und mischst es in das Ingwergetränk oder du pürierst die Wurzel mit dem Ingwer und erhitzt das Ganze danach. Geschmacklich tut sich da gar nix – ob nun Pulver oder frische Wurzel. Einfach ausprobieren! Wo wir auch schon bei der Golden Milk wären. Dieses Getränk erfreut sich wachsender Beliebtheit. Und das zu Recht. Denn der Golden Milk – Rezepte dafür gibt es massenhaft im Netz – wird nachgesagt, den Geist und den Körper anzuregen und zu beleben. Wieder eine pornöse Eigenschaft, just sayin'. Also: Ran an die Wurzel!

SCHWARZKÜMMEL

Der botanische Begriff für Schwarzkümmel lautet Nigella sativa. Es ist eine Pflanzenart aus der Familie der Hahnenfußgewächse. Neben vielen verschiedenen Vitaminen enthält Schwarzkümmel Beta-Karotin, Biotin, Selen, Folsäure, Magnesium und so weiter und so fort. Ja, ein weiteres Allheilmittel – auch wenn es langweilig klingt. Dabei habe ich mir das Beste für den Schluss aufgespart. Achtung, Achtung! Schwarzkümmel hat den Ruf, alles zu heilen und ist eigentlich pure Prophylaxe gegen alles. Lediglich den Tod kann es nicht verhindern. Bitte was? Blödsinn! – Doch isso!

Vaddern hat Blutdruck? Muddern hat Fußpilz und Rheuma? Schwester hat nervöse Schnappatmung (aka Asthma) oder Allergien? Dann drücke denen 'ne Flasche Schwarzkümmelöl in die Hand. Jeden Tag ein Esslöffel davon und all das ist Geschichte. Na ja, vielleicht. Ach doch, ganz bestimmt.

Ich gebe zu, ich mochte den Geschmack am Anfang nicht sonderlich gern, aber man kann sich daran gewöhnen. Kleiner Tipp: Die Dosierung ist wirklich Geschmackssache. Also taste dich langsam heran und dann traue dich, das Gewürz über Gerichte zu streuen (siehe Christians Kichererbsen, nomnomnom). Das Öl ist natürlich auch herrlich zum Verfeinern von Salaten und Dips. Wenn ich einen leckeren Hummus mache, landet oft noch ein Spritzer Schwarzkümmelöl obendrauf. Kötzlich, äääh ... Köstlich. Reingehaun!

> Er heisst Topias. Nicht Tobias. Sein Spitzname ist Topi. Nicht Tobi. Mercht euch das.

TOPI

SEIT WANN BIST DU EIN VINCI?
Ich bin seit September/Oktober 2014 ein Vinci. Zumindest bin ich seitdem „Official Member". Vorher war ich nur Beobachter und Fan. ☺ Bereits am ersten Tag war ich in Ottensen 'ne Curryvurst essen. Es war kurz vor Feierabend – Ally und Christian sahen sichtlich geschafft aus, haha!

UND WARUM ÜBERHAUPT? „BRAUCHTE EINEN JOB" ZÄHLT AUCH.
Ich bin aus totaler Überzeugung dazugestoßen. Zu dem Zeitpunkt hatte ich gerade meinen alten Job als Geschäftsführer einer Szenebar an den Nagel gehängt, denn ich konnte nicht mehr so weitermachen und arbeiten wie die neun Jahre zuvor. Da ich bereits vegan war und ich mich gastronomisch immer informiert und die Augen interessiert offen gehalten habe, bin ich natürlich auch auf Christians wunderbares Vorhaben gestoßen.

WER ZUM TEUFEL IST EIGENTLICH VINCENT?
Vincent ist die Coolness in Person. Meine ich. Das sieht und merkt man doch. Denn welch' sauguter Dude muss in dir schlummern, um so motiviert die (Fast-)Food-Welt revolutionieren zu wollen!?!

WIE BEZIEHUNGSWEISE WO HAST DU IHN KENNENGELERNT?
Es begab sich zu einer Zeit ... Im Sommer 2014 verbrachte ich einige Wochen in Finnland, wo ich Familie habe, meine Mamu ist Finnin. ☺ Dort, in einer nordisch-mystischen taghellen Sommernacht, erschien mir ein Dude im Suit mit Sonnenbrille im Gesicht im Traum. (Wie eben erwähnt: Im Sommer ist es so weit oben auch nachts sehr hell.) Ich fragte, wer er denn sei und ob sein Anzug maßgeschneidert wurde? Er antwortete: „Topi, mach keinen Mist. Genieß den Sommer und die schönen freien Tage. Aber wenn du wieder in Hamburg bist, dann geh zum Truck, sprich den haarigen blonden Macker darin an, sag, du willst und kannst ihm helfen. Mach das so!"

DU ERFÜLLST GENAU WELCHEN ZWECK BEI VINCENT VEGAN?
Das weiß ich gar nicht so genau, ob's da 'nen Zweck gibt. Ich habe die große Ehre, mich mittlerweile offiziell als Teilhaber und Geschäftsführer zu bezeichnen. Meine Aufgabe allerdings sehe ich darin, das Unternehmen gemeinsam mit meinem guten und engen Freund Christian auf Kurs zu halten. Ich lebe und atme Vincent Vegan. Alles, was wir sind und machen, kann ich ausnahmslos als Glück bezeichnen. Jeder bei uns erfüllt mehr als einen Zweck, wir sind alle nicht nur eines, sondern mehrere Puzzleteile.

WARUM REIN PFLANZLICH?
Rein pflanzlich, weil ich meine Verantwortung als Individuum auf dieser Erde zu Lebzeiten so interpretiere. Alles andere kommt für mich nicht infrage – unter keinen Umständen.

LIEBLINGSFUTTER?
Na ja, schaut euch meine Rezepte an, kocht sie nach, gebt da selbst noch 'nen Schuss eigene Kreativität zu – und dann habt ihr auf dem Teller, was ich liebe! Altbewährte und neue Dinge, ganz klassisch oder ganz kreativ umgestaltet: Ich bin für vieles zu haben, Hauptsache, es schmeckt!

WAS SOLLTE DIE WELT VON DIR ERFAHREN BEZIEHUNGSWEISE LERNEN?
Erfahren kann fast jeder vieles von mir, wenn man mich kennenlernt. Ich bin ein sehr liberaler und offener Mensch, der vieles gesehen und erlebt hat. Ich kann mit fast jedem, glaube ich. Ob jemand etwas von mir lernen kann/soll, wage ich zu bezweifeln. Aber ich kann euch beibringen, wie man Pasta auf den Punkt kocht, haha!

Für 6 Personen

TOPIS AUBERGINENAUFLAUF IN TOMATENSAUCE MIT CASHEW-PARMESAN

ZUTATEN

2 mittelgroße Auberginen
Salz
5–6 Tomaten
3 Frühlingszwiebeln
2 Knoblauchzehen
500 ml passierte Tomaten
frisch gemahlener Pfeffer
8–10 Blätter frisches Basilikum
Rosmarin und Oregano nach Geschmack
3 EL Balsamico-Essig
5 EL Olivenöl
1 Handvoll Cashewkerne
1 TL Hefeflocken

ZUBEREITUNG

Den Backofen auf 190 °C Ober-/Unterhitze vorheizen.

Die Auberginen der Länge nach halbieren und in etwa 0,5 cm dicke Halbmonde schneiden. In einer großen Schüssel etwas salzen, durchmischen und ruhen lassen.

Tomaten in dünne Scheiben, Frühlingszwiebeln in Ringe schneiden. Die Knoblauchzehen fein hacken.

Die passierten Tomaten mit Salz, Pfeffer, Knoblauch, zerzupften Basilikumblättern (zwei Blätter beiseitelegen), Rosmarin, Oregano, Balsamico-Essig und 'nem Schuss Olivenöl zu einer geschmeidigen Sauce verrühren.

Die Cashewkerne mit den Hefeflocken, einer guten Prise Salz und 'nem Schuss Olivenöl in der Küchenmaschine oder im Blender zerkleinern.

Eine Auflaufform mit Olivenöl einstreichen. Nun Schicht für Schicht die Auflaufform auslegen, dabei mit den Auberginen beginnen, einen Teil der Sauce aufstreichen, dann die dünnen Tomatenscheiben und gehackten Frühlingszwiebeln darauf verteilen. Immer wieder 'nen Schuss Olivenöl darübergeben.

So weitermachen, bis alle Zutaten aufgebraucht sind. Zum Schluss großzügig den Cashew-Parmesan über die letzte Schicht streuen. Nun ein paar Tomatenscheiben on top – sieht wunderschön aus, wenn der Auflauf nach 35–40 Minuten aus dem Backofen kommt. Mit frischem Basilikum anrichten und genießen!

Bei der Zubereitung klassische Musik hören. Weil es einfach gut kommt.

Für 4 Personen

TOPIS SEITANGESCHNETZELTES MIT DINKEL-BANDNUDELN UND ROTKOHLSALAT

ZUTATEN

⅓ Kopf Rotkohl
4 EL Olivenöl
1 EL Weißweinessig
1 TL brauner Zucker
Salz
frisch gemahlener Pfeffer
300 g Seitan
200 g Champignons
¼ Lauchstange
1 mittelgroße Karotte
1 große Zwiebel
¼ Bund Petersilie
2–3 Cornichons
500 g Dinkel-Bandnudeln
1 EL rosenscharfes oder mildes Paprikapulver
1 EL Tomatenmark
1 TL Senf
150 ml Weißwein und/oder Gemüsebrühe
250 ml Soja- oder Hafer-Cuisine
1 TL Sojasauce

ZUBEREITUNG

Den Rotkohl halbieren und in lange, dünne Streifen schneiden. Mit 2 EL Olivenöl, Weißweinessig, braunem Zucker, Salz und Pfeffer anmachen und ruhen lassen.

Seitan in Streifen schneiden. Champignons und Lauch in Scheiben, Karotte und Zwiebel in Würfel schneiden. Petersilie und Cornichons hacken.

Reichlich gesalzenes Wasser in einem Topf zum Kochen bringen und die Bandnudeln darin nach Packungsanweisung zubereiten. Beim Abgießen etwas Nudelwasser auffangen!

Restliches Olivenöl in einer tiefen Pfanne erhitzen. Den Seitan darin kräftig anbraten. Nach etwa 3 Minuten die Karotte und Zwiebel dazugeben und anschwitzen. Nach weiteren 3–4 Minuten Champignons und Lauch dazugeben und nochmals alles durchschwenken und anschwitzen. Nun alles mit Paprikapulver würzen und kurz durchschwenken. Dann Tomatenmark und Senf dazugeben und alles durchmischen.

Mit Weißwein ablöschen. Kurz köcheln lassen. Anschließend die Cuisine einrühren und mit Sojasauce, Salz und Pfeffer abschmecken. Die gehackten Cornichons (und einen Spritzer Gurkenwasser) unterrühren.

Vor dem Anrichten die Bandnudeln im Nudelwasser schwenken und beim Anrichten die gehackte Petersilie über das Gericht streuen. Mit dem Rotkohlsalat servieren.

Süsse Sünden

VOM BROWNIE BIS ZUR ZIMTSCHNECKE

Für 5–8 Balls, je nach Größe

CHOCOLATE NUGAT BALLS 'N' STUFF MADE BY CHRISTIAN

ZUTATEN BALLS
200 g ungezuckerte, entsteinte Datteln
200 g ganze Mandeln (mit oder ohne Haut)
50 g ungesüßtes Kakaopulver

ZUTATEN NUGAT-COATING
250 g vegane Nugatschokolade

MÖGLICHE TOPPINGS
Chiliflocken
Kokosraspel
gehackte Walnüsse

AUSSERDEM
lange Holzstäbe

ZUBEREITUNG

Alle Zutaten für die Balls in einen kräftigen Mixer geben. So lange mixen, bis sich die Zutaten zu einem Teig formen lassen. Wenn die Masse zu klebrig ist, mit 1–3 EL Wasser etwas nachjustieren.

Teig mit den Händen zu einem Klumpen formen. Nun aus dem Klumpen kleine (oder mittelgroße oder große) Kugeln formen. Je einen Holzstab als Haltevorrichtung in die Kugeln hineinstecken.

Für das Nugat-Coating die Nugatschokolade klein hacken.

Einen Topf zu drei Vierteln mit Wasser füllen und auf etwa 60 °C erhitzen. Dann den Topf vom Herd nehmen.

Glas- oder Metallschüssel mit der gehackten Nugatschokolade über das Wasserbad geben (sicherstellen, dass die Schokolade nicht mit Wasser in Berührung kommt) und nun die Schokolade schmelzen. Ab und zu umrühren.

Die Balls am Holzstäbchen nehmen und in das Nugat-Coating tunken.

Die in flüssige Schokolade getunkten Balls nehmen und nach Belieben mit Chiliflocken, Kokosraspeln oder gehackten Walnüssen verfeinern.

Feddich!

Sollte mal Vincents Chocolate Nugat Balls heissen, aber der Name schien im ersten Moment nicht appetitanregend ...

NATALIES WEISSE SCHOKI-MINZ-RIEGEL

Für 6–8 Riegel

Diese Haferriegel lassen sich hervorragend variieren. Das Grundrezept besteht wirklich nur aus den Bananen und den Flocken im richtigen Verhältnis. Du kannst dein Lieblingsmüsli oder Früchte verwenden und dir so dein persönliches Frühstück to go kreieren.

ZUTATEN

etwa 200 g Banane
(3 kleine oder 2 große Bananen)
8–10 frische Minzestängel, Blättchen abgezupft
50 ml Pflanzenmilch oder Wasser
180 g Haferflocken
150 g vegane weiße Schokolade

ZUBEREITUNG

Den Backofen auf 180 °C Ober-/Unterhitze vorheizen.

Bananen und die Hälfte der Minzblätter mit Pflanzenmilch oder Wasser im Mixer pürieren. Je nach Mixer kann es sein, dass mehr Flüssigkeit zugegeben werden muss. Ist kein Mixer vorhanden, die Minze sehr fein hacken und mit einer Gabel Bananen und Flüssigkeit gut zermatschen, bis eine relativ glatte Masse entsteht.

Die Haferflocken einfach untermischen, sodass eine zähe, aber möglichst noch relativ trockene Masse entsteht. Die Banane bindet alles so gut, dass man mit zwei Löffeln auf einem Backpapier Riegel formen kann. Alles ruhig ein wenig festdrücken.

Die Riegel 20 Minuten in den Backofen schieben, dann herausnehmen und mindestens 15 Minuten in den Kühlschrank stellen.

Die weiße Schokolade im Wasserbad zum Schmelzen bringen. Die restlichen Minzblätter ganz klein hacken und unterrühren. Jetzt das Ganze vorsichtig auf die Haferriegel gießen und im Kühlschrank aushärten lassen.

Vincents Tipp

Wenn du aus Versehen Schokolade übrig hast, streiche sie einfach auf ein Backpapier und lege sie ins Kühlfach. Perfekt zum Naschen!

Am besten bewahrst du die Riegel gekühlt auf, dann bleibt das Schokotopping hart.

Für 1 Brownie- oder Springform

CAROS SNIGGERS-BROWNIES MIT PERVERSEM FROSTING

#browniebabo #allzweckvaffe #backenkannjeder #smellslikecakespirit
#nichtsfuererdnussallergiker #manlebtnureinmal

ZUTATEN SNIGGERS-BROWNIES

200 g dunkle, leckere Zartbitterschokolade
245 g Rohrohrzucker
125 ml Keimöl
(oder ein anderes neutrales (!) Öl)
150 ml Pflanzenmilch
(Mandel-, Macadamia-, Cashewmilch)
250 g Mehl
1 TL Natron
50 g ungesüßtes Kakaopulver
1 TL Backpulver
(am besten Weinsteinbackpulver)
1 gute Prise Salz (½ TL auf jeden Fall)
etwas Mark von 1 Vanilleschote
3 EL Rum (oder mehr; nach Geschmack)
1 Dose geröstete, gesalzene Erdnüsse

ZUBEREITUNG SNIGGERS-BROWNIES

Den Backofen auf 175 °C Ober-/Unterhitze vorheizen.

Die Schokolade mit dem Zucker, dem Öl und der Milch in einer Schüssel über dem Wasserbad schmelzen. Die trockenen Zutaten (Mehl, Natron, Kakao, Backpulver, Salz und Vanille) in einer großen Schüssel mischen.

Nun die Schokoladenmischung zu den trockenen Zutaten geben. Dann noch einen guten Schluck Rum (ein guter Schluck sind mindestens 3 EL!) hinzufügen. Alles per Hand verrühren und die gesalzenen Erdnüsse unterheben. Nicht zu lange rühren, kleinere Klümpchen gehen beim Backen weg.

Die Masse in eine mit Backpapier ausgelegte Brownie- oder Springform füllen und etwa 25 Minuten backen. Zum Ende der Backzeit die Stäbchenprobe machen (siehe Vincents Tipp).

Aus dem Ofen nehmen und den Kuchen abkühlen lassen. Das ist wichtig und verbessert ungemein seine Schneidekompatibilität. Wenn du es nicht abwarten kannst: egal, scheiß aufs Schneiden!

ZUTATEN FROSTING

3 EL vegane Margarine
1 EL Puderzucker
3–4 EL Erdnussbutter crunchy

ZUBEREITUNG FROSTING

Margarine mit Puderzucker in einem hohen Mixbecher mixen und dann die Erdnussbutter dazugeben. Das Frosting auf den abgekühlten Kuchen streichen. (PS: Das Frosting wirkt auf den ersten Blick etwas viel, weil es aber so pervers lecker ist, habe ich einen kleinen Probierlöffel mitgerechnet.)

Vincents Tipp

Damit du keinen Staubkuchen produzierst, kontrolliere ihn mit der ultimativen, schwiegermutterkonformen, intelligenten, sexy Stäbchenprobe!

Variante 1: Du ziehst das Stäbchen raus und die ganze Kuchenmische hängt dran: Die Brownies vertragen noch einen Moment Wärme.

Variante 2: Das Stäbchen ist komplett trocken. Ups! Zu lang für Brownies. Akute Gefahr auf Staublunge beim Verzehr des Kuchens. Genieße ihn deshalb mit Milch, verschenke ihn an Nachbarn oder an eine Omi, die mögen so was. Es wird nichts weggeworfen, das ist ja wohl mal klar. Next try, next chance.

Variante 3: Am Stäbchen hängen noch wenige weiche Krümel. Perfect! You made it! Du bist ein Brownie-Babo! Für fudgy Brownies genau die richtige Konsistenz.

Dicke Kinder sind schwerer zu kidnappen. Stay safe, eat cake.

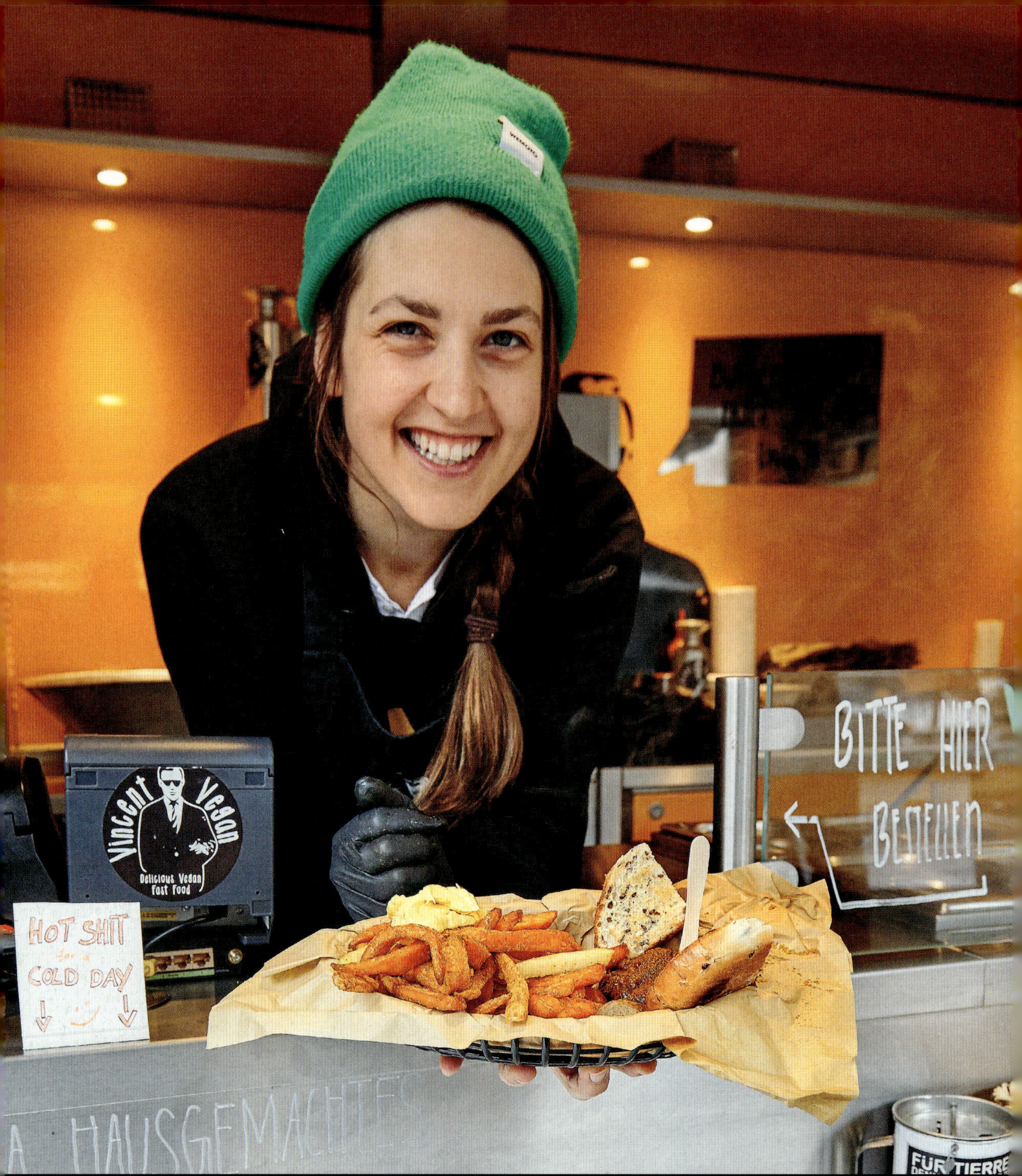
Vincent Vegan
Delicious Vegan Fast Food
HOT SHIT for a COLD DAY
BITTE HIER BESTELLEN
HAUSGEMACHTES

Food!

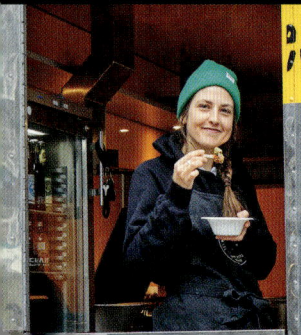

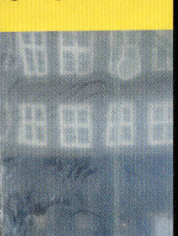

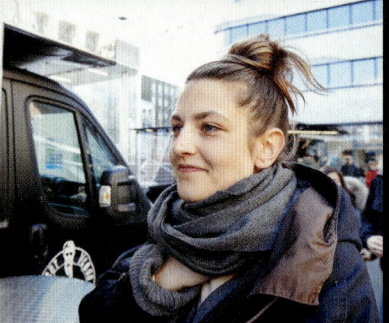

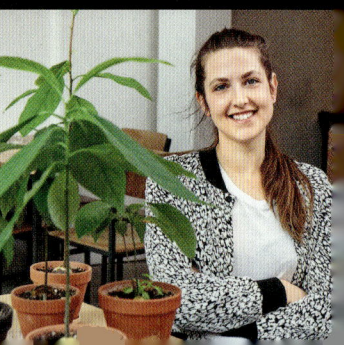

> Sie heisst Aline. Nicht Aylin und schon gar nicht Aylina.

ALINE

SEIT WANN BIST DU EIN VINCI?
Seit Christi Geburt. Oder sollte das nicht gehen: seit es zwölf geschlagen hat.

UND WARUM ÜBERHAUPT? „BRAUCHTE EINEN JOB" ZÄHLT AUCH.
Weil er das so wollte.

WER ZUM TEUFEL IST EIGENTLICH VINCENT?
Nicht der Teufel. So viel ist klar.

WIE BEZIEHUNGSWEISE WO HAST DU IHN KENNENGELERNT?
Bisher ist er mir nur im Traum erschienen und nie lange geblieben.

DU ERFÜLLST GENAU WELCHEN ZWECK BEI VINCENT VEGAN?
Meist stehe ich auf einem Bein in der Ecke und sehe gut aus.

WARUM REIN PFLANZLICH?
Noblesse oblige! Was mit anderen Lebewesen gemacht wird, ist nicht zu ertragen.

LIEBLINGSFUTTER?
Steine und Blumen.

WAS SOLLTE DIE WELT VON DIR ERFAHREN BEZIEHUNGSWEISE LERNEN?
Zicke, zacke, Hühnerkacke!

Für eine Biskuitform (Ø 26 cm) oder 10 Tortelettes

ALIS BEERENKUCHEN

ZUTATEN

170 g Weizenmehl
120 g Rohrohrzucker + 2 EL für den Belag
1 Pck. Vanillezucker
3 TL Backpulver (am besten mit Safran)
4 ½ EL Raps- oder Distelöl
250 ml Pflanzenmilch
½ Pck. Vanillepuddingpulver
Beeren für den Belag nach Geschmack
1 Handvoll gehackte Pistazien

AUSSERDEM

Fett für die Form
etwas Hartweizengrieß
(nicht unbedingt nötig)

ZUBEREITUNG

Den Backofen auf 180 °C Ober-/Unterhitze vorheizen. Die Backform einfetten und am besten noch ein bisschen feinen Grieß darauf verteilen, das ist aber nicht zwingend nötig.

Weizenmehl, Rohrohrzucker, Vanillezucker und Backpulver in einer Schüssel vermischen, dann das Öl und 185 ml Wasser einrühren. Den Teig gleichmäßig in die Form fließen lassen und etwa 20 Minuten backen.

Während der Teig im Ofen ist, die Pflanzenmilch mit dem Puddingpulver und 2 EL Rohrohrzucker in einem Topf erhitzen und zum Kochen bringen. Stetig rühren. Nach 3 Minuten vom Herd nehmen und abkühlen lassen. Die Beeren waschen und abtropfen lassen.

Den Biskuitboden nach 20 Minuten aus dem Ofen nehmen und vollständig abkühlen lassen. Mit einem Messer vorsichtig den Rand lösen und den Boden auf einen Kuchenteller stürzen.

Den Kuchenboden leicht mit Grieß bedecken und mit dem Pudding bestreichen. Die Beeren darauf verteilen und mit Pistazien verzieren.

Kühl lagern und am besten mit pflanzlicher Sahne schnabulieren.

Für 1 Springform (Ø 26 cm)

ALIS KAROTTENKUCHEN

Ein Stück Ali auf der Zunge.

ZUTATEN

450 g Dinkelmehl
180 g Rohrohrzucker
1 Pck. Vanillezucker
1 TL Natron
1 TL Backpulver
2 TL Zimt
240 g Karotten
400 ml Kokosmilch
150 ml Raps- oder Distelöl
100 g Schokolade für den Schokoguss

AUSSERDEM
Fett für die Form

ZUBEREITUNG

Den Backofen auf 180 °C Ober-/Unterhitze vorheizen. Die Springform mit Backpapier auslegen und den Rand mit Margarine oder Öl einreiben.

Alle trockenen Zutaten in einer Schüssel vermischen. Die Karotten am besten in der Küchenmaschine häckseln oder in kleine Stifte reiben und dann untermengen. Zuletzt die flüssigen Zutaten unterheben und mit einem Schneebesen oder einem Handrührgerät gut vermengen.

Den Teig am besten sofort in die Form fließen lassen und in den vorgeheizten Ofen stellen. Das Natron und das Backpulver sollen erst hier richtig loslegen.

Nach etwa 40 Minuten mit einem Holzspieß in den Teig pieksen. Bleibt etwas daran hängen, braucht der Kuchen noch mal 5 Minuten. Wenn nicht, kann er raus. Den Ring der Springform abnehmen.

Die Schokolade im Wasserbad schmelzen und dann auf dem Kuchen verteilen.

Entweder direkt warm essen oder über die nächsten drei Tage verteilt. Man sagt, er wird jeden Tag besser.

Nicht im Kühlschrank lagern oder immer 20 Minuten vor dem Verzehr rausholen. Erst dann entfaltet sich der volle Geschmack.

Für etwa 10 Stück

TOPIS KORVAPUUSTI
ODER FINNISCHE ZIMTSCHNECKEN

ZUTATEN

1 Würfel frische Hefe
250 ml Haferdrink
100 g brauner Zucker
plus etwas zum Bestreichen
500 g Weizenmehl
plus etwas für die Arbeitsfläche
2 EL Sonnenblumenöl
1 Prise Meersalz
70 g Margarine
2 TL Zimt
2–3 EL Hagelzucker

ZUBEREITUNG

Die Hefe in eine Schüssel bröseln und mit lauwarmem Haferdrink und 1 EL braunem Zucker vermengen. Zur Seite stellen und etwa 15 Minuten gehen lassen.

Nun das Mehl, restlichen braunen Zucker, das Sonnenblumenöl und die Prise Salz in die Schüssel geben und alles kräftig und geduldig zu einem schönen Teig kneten. Der Teig muss sich von der Schüssel lösen lassen, eventuell etwas mehr Mehl einkneten. Nun ein Küchentuch über die Schüssel legen und den Teig etwa 40 Minuten an einem warmen Ort gehen lassen.

Den Backofen auf 200 °C Ober-/Unterhitze vorheizen.

Die Margarine in einem Topf schmelzen und etwas Zimt und braunen Zucker einrühren.

Mehl auf der Arbeitsfläche verteilen und den nochmals durchgekneteten Teig ausrollen, bis er 3–5 mm dünn ist. Den Teig mit der Zimtmargarine großzügig bestreichen und anschließend zu einer langen Rolle aufrollen. Nun etwa 3 cm dicke Stücke schneiden und in der Mitte etwas herausdrücken.

Die Schnecken seitlich auf Backpapier legen, nochmals mit der Zimtmargarine bestreichen und mit Hagelzucker bestreuen.

Ab in den Ofen! Nach etwa 10–12 Minuten sind die Schnecken goldgelb. Am besten ofenfrisch oder lauwarm genießen! :-)

Das Ding warm essen.
Ist grösser als gross!

DANS CUPCAKES

Für 12 Cupcakes

Wenn Kochen wie Punkrock ist, indem man alles zusammenwerfen kann und sieht, was dabei herauskommt, ist Backen eher wie Prog-Rock, wo man eine ganze Weile lernt, wie es funktioniert, und dann anfängt, auf dem Erlernten aufzubauen und zu improvisieren. In diesem Sinne sind diese Cupcakes ideal, das Rezept ist so einfach, dass man nach nur kurzer Zeit ausprobiert, was man denn noch alles anstellen kann.
Musik: Bastien Keb – Dinking in the Shadows of Zizou.

ZUTATEN CUPCAKES

- 250 ml Milch (Soja-, Hafer- oder Reismilch, keine (!) Mandelmilch)
- 1 TL Apfelessig
- 120 g Dinkelmehl (Type 630)
- 40 g Backkakao
- ½ TL Backpulver
- ¾ TL Natron
- ½ TL gemahlene Vanille
- ¼ TL Salz
- 170 g Zucker
- 80 ml Rapsöl
- 1 EL löslicher Espresso

ZUTATEN FROSTING

- 4 EL Erdnussbutter
- 1–2 EL Milch
- 1 Schuss Espresso
- 120 g Puderzucker

ZUBEREITUNG CUPCAKES

Den Backofen auf 180 °C Ober-/Unterhitze vorheizen. Eine Cupcakeform mit Papierförmchen ausstatten. Man kann auch die Form einfetten, doch das Ergebnis wird mit Papierformen schlicht besser.

In einer Rührschüssel Milch und Apfelessig mit einem Schneebesen verrühren und beiseitestellen. In einer zweiten Rührschüssel Mehl, Kakao, Backpulver, Natron, Vanille und Salz gut mit einer Gabel vermischen. Zucker und Öl zur Milchmixtur geben und mit dem Schneebesen schaumig schlagen.

Das Trockene in zwei Rutschen zum Feuchten geben und mit aufschlagen, bis keine Klumpen mehr vorhanden sind. Zum Schluss das Espressopulver einrühren.

Den Teig in die Formen geben, dabei die einzelnen Formen ungefähr zu drei Vierteln füllen. 18–20 Minuten backen. Nach dem Backen aus der Cupcakeform nehmen und auf einem Gitter abkühlen lassen.

ZUBEREITUNG FROSTING

Erdnussbutter, Milch und Espresso gut verrühren. Hierfür am besten ein Handrührgerät nehmen, Erdnussbutter kann etwas störrisch sein. Wenn alles eine Masse ist, Puderzucker untermixen, bis die gewünschte Steife erreicht ist.

Das Frosting auf den abgekühlten Cupcakes verteilen.

Frostings haben viel mit Gefühl zu tun. Die Mengen kommen immer darauf an, wie Konsistenz und Geschmack sein sollen.

Jeweils für 2 Personen

Vincents Drinks

Manchmal braucht es in bestimmten Momenten mehr als 'nen Schluck eiskaltes Leitungswasser oder „nur" 'nen abgekühlten Pfeffi-Tee. Manchmal braucht es Genuss, Kick, Power und GESCHMACK! Die folgenden vier Drinks trinkt Vincent selbst gern an Orten wie Waikiki-Beach, in Schwagers Schrebergarten oder an der Copacabana! Hauptsache, es ist warm und es regnet nicht in Strömen. Und wenn doch, dann kann man ja immer noch in Schwagers Schrebergarten-Hütte, sich 'nen delicious Drink mixen und Fünfe queer sein lassen … es lohnt sich. Immer!

PFEFFERMINZ-THYMIAN-ICE-TEA

ZUTATEN

viel frische Pfefferminze
3–4 Stängel getrockneter Thymian
Eiswürfel
etwas Agavendicksaft
etwas frisch gepresster Zitronensaft

ZUBEREITUNG

Pfefferminze und Thymian in einer Karaffe zu drei Vierteln mit kochendem Wasser übergießen und kräftig ziehen lassen.

Abkühlen lassen und dann das letzte Viertel mit Eiswürfeln auffüllen. Anschließend mit Agavendicksaft und einem guten Spritzer Zitronensaft aufpeppen.

Köööstlich, exotisch und erfrischend im Sommer!

WALDBEEREN-KOKOS-BOOSTER

ZUTATEN

etwa 120 g frische oder TK-Waldbeeren
500 ml Kokosreismilch
etwas Agavendicksaft
Saft von 1 Limette
3–4 Eiswürfel

ZUBEREITUNG

Alle Zutaten mit einem Pürierstab oder im Blender nach Geschmack sehr fein oder etwas grober pürieren.

GINGER-LIME-"BEER"

ZUTATEN

Saft von 4 Limetten
6 Minzeblätter
8 Eiswürfel
500 ml Ingwerbier
4 Gurkenspalten
etwas Mineralwasser

ZUBEREITUNG

Die Limetten halbieren und je vier Hälften in einem Glas ausdrücken. Drei Minzeblätter pro Glas hinzugeben und andrücken. Eiswürfel in die Gläser geben und mit Ingwerbier auffüllen. Die Gurkenspalten hinzugeben und mit einem Schuss Mineralwasser abrunden.

MANGO-BASILIKUM-LIMO

ZUTATEN

1 Mango
10 Basilikumblätter
500 ml Mineralwasser
1 Zitrone
2 TL brauner Zucker

ZUBEREITUNG

Die Mango halbieren und das Fruchtfleisch vom Kern abschneiden. Anschließend mit den gewaschenen Basilikumblättern fein pürieren. Mit Mineralwasser auffüllen, den Saft der Zitrone und den braunen Zucker hinzugeben. Alles gut durchrühren. Am besten kalt stellen und vor dem Servieren etwas ziehen lassen.

Nach-Vince

Alle Kinder wollen erfahr'n,
wie wurde Vincent V. vegan?

Zunächst stand er, wie alle Kids,
auf fette Burger und Pomm` Frites.

Doch in zugespitzter Anbetracht,
hielt er es bald für angebracht,

auf Mast und Schlachthaus zu verzichten
und sich anders auszurichten.

Er sah, Nachhaltigkeit macht Sinn
und aß Veganes fürderhin.

Für Freaks mit ähnlichem Geschmack
kreierte er den Vegan Truck,

verkauft sein Fast Food auf dem Markt
und merkt bald: Das Geschäft erstarkt.

Denn Vegan-Fans wissen zu gut:
„Gut isst der, der gutes Food."

Und hauen sie rein, an Vincents Truck,
zeugt das von Liebe und Geschmack.

Und jedes überlebende Tier sagt:
„Mahlzeit – ach und, danke Dir."

Und die Moral von der Geschicht:
Vegane Foodtrucks rollen nicht …

Papperlapp, Papa macht Spaß,
Vincents Wagons geben Gas.

Auf Facebook steht der Foodtruck-Plan,
komm doch mal rum und iss vegan.

Poem by Simon Schulz
("Hi Aaaarsch!")

Rezeptregister

A
Almond Mc Choc 29
Auberginenauflauf in Tomatensauce
mit Cashew-Parmesan 144
Aufstrich, Butternusskürbis-Linsen- 106
Avocado-Dip 120

B
Balsamico-Möhren 60
Beerenkuchen 161
Belugalinsensalat 69
Bittersalat mit karamellisierten Pekannüssen 63
Blackbean Burger im Laugenbrötchen
mit Senfmayonnaise 97
„Blubb"-Nudeln 116
Bohneneintopf mit Extravurst 123
Bratgemüse 133, 134
Brownies, Sniggers-, mit pervesem Frosting 155
Burger, Blackbean, im Laugenbrötchen
mit Senfmayonnaise 97
Burger, Classic, mit Lupinen-Seitan-Pattie 93
Butternusskürbis-Linsen-Aufstrich 106

C
Caesar-Dressing 64
Cashew-Parmesan 144
Chili-Bier-Sauce 105
Chocolate Nugat Balls 'n' Stuff 150
Classic Burger mit Lupinen-Seitan-Pattie 93
Cupcakes 167

D
Dinkelspaghetti mit Roter Bete und Räuchertofu 130
Dinkelvollkornbrot, Easy-Chia-Leinsamen-
Walnuss-Chili 25
Dressings
  Fruchtdressing 64, 65
  Misodressing 65
  Pflaumen-Balsamico-Vinaigrette 59
  Scharfes Dressing 65
  Senfdressing 64

E
Easy-Chia-Leinsamen-Walnuss-Chili-
Dinkelvollkornbrot 25
Eintopf, Bohnen-, mit Extravurst 123

F
Fruchtdressing 64, 65

G
Gefüllte polnische Paprika 112
Gemüsequiche 119
Ginger-Lime-„Beer" 169
Green-Ginger-Smoothie 35
Green Massaker 125
Grünkohl-Super-Bowl 55

H
Hirsesalat, lauwarmer 53
Hummus ohne Kichererbsen 105

K
Karotten-Ingwer-Suppe 72
Karottenkuchen 162
Kartoffelsalat mit roten Linsen
an Pflaumen-Balsamico-Vinaigrette 59
Kicher-Burger 87
Kichererbsen-Tahini-Salat 51
Knoblauchbrot, knuspriges, mit Pilzen 90
Kokos-Bärlauch-Sauce 133
Koriander-Avocado-Sauce, scharfe 106
Korvapuusti oder finnische Zimtschnecken 165

L
Lasagne 137, 139
Lauwarmer Hirsesalat 53

M
Mango-Basilikum-Limo 169
Mangoldsalat 56
Misodressing 65
Misosuppe 70

N
Notella-Affenbrot 32, 64

O
Ofengemüse, würziges, mit Avocado-Dip 120

P
Paprika, gefüllte polnische 112
Parmesan, Cashew- 144
Pesto, Red 104
Pfannecakes mit Schoko-Peanut-Sauce 31
Pfannkuchen mit Sahne-Lauch-Quatsch 126
Pfefferminz-Thymian-Ice-Tea 168
Pflaumen-Balsamico-Vinaigrette 59
Pink-Power-Smoothie 45
Polnische Paprika, gefüllte 112

R
Red Pesto 104
Rotkohlsalat 147

S
Sahne-Lauch-Quatsch 126
Sandwich, Tortas- 98
Saté-Blackseed-Kurkuma-Chickpeas 110
Saucen
  Chili-Bier-Sauce 105
  Kokos-Bärlauch-Sauce 133
  Scharfe Koriander-Avocado-Sauce 106
  Schoko-Peanut-Sauce 31
Scharfes Dressing 65
Schoki-Minz-Riegel, weiße 153
Scrambled Tofu-„Rührei" 26
Seitangeschnetzeltes mit Dinkel-Bandnudeln und Rotkohlsalat 147
Semmelknödel mit Kokos-Bärlauch-Sauce und Bratgemüse 133
Senfdressing 64
Senfmayonnaise 97
Sloppy-Vince 79, 80

Smoothies
  Almond Mc Choc 29
  Green-Ginger-Smoothie 35
  Pink-Power-Smoothie 45
  Vake-up-Vincent-Smoothie 22
  Waldbeeren-Kokos-Booster 168
Sniggers-Brownies mit perversem Frosting 155

T
Tofu-„Rührei", scrambled 26
Tomaten-Linsen-Kokos-Suppe 75
Topinki = knuspriges Knoblauchbrot mit Pilzen 90
Tortas-Sandwich 98

V
Vake-up-Vincent-Smoothie 22
Vurstwrap 38

W
Waldbeeren-Kokos-Booster 168
Walnuss-Mango-Sandwich 83
Weiße Schoki-Minz-Riegel 153
Würziges Ofengemüse mit Avocado-Dip 120

Z
Zimtschnecken, finnische 165

Zutatenregister

A
Alfalfasprossen
  Walnuss-Mango-Sandwich 83
Ananas
  Pink-Power-Smoothie 45
Apfel
  Green-Ginger-Smoothie 35
  Kichererbsen-Tahini-Salat 51
Aubergine
  Auberginenauflauf in Tomatensauce mit Cashew-Parmesan 144
  Kicher-Burger 87
  Lasagne 137, 139
  Lauwarmer Hirsesalat 53
  Würziges Ofengemüse mit Avocado-Dip 120
Avocado
  Green Massaker 125
  Scharfe Koriander-Avocado-Sauce 106
  Sloppy-Vince 79, 80
  Tortas-Sandwich 98
  Würziges Ofengemüse mit Avocado-Dip 120

B
Banane
  Green-Ginger-Smoothie 35
  Notella-Affenbrot 32, 64
  Pfannecakes mit Schoko-Peanut-Sauce 31
  Vake-up-Vincent-Smoothie 22
  Weiße Schoki-Minz-Riegel 153
Bohnen
  Blackbean Burger im Laugenbrötchen mit Senfmayonnaise 97
  Bohneneintopf mit Extravurst 123
Brokkoli
  Grünkohl-Super-Bowl 55

C
Cashewkerne
  Auberginenauflauf in Tomatensauce mit Cashew-Parmesan 144
Chiasamen
  Easy-Chia-Leinsamen-Walnuss-Chili-Dinkelvollkornbrot 25

Chilischote
    Chili-Bier-Sauce 105
    Dinkelspaghetti mit Roter Bete und Räuchertofu 130
    Gemüsequiche 119
    Scharfe Koriander-Avocado-Sauce 106
    Tortas-Sandwich 98

D
Datteln
    Almond Mc Choc 29
    Chocolate Nugat Balls 'n' Stuff 150
    Lauwarmer Hirsesalat 53
    Vake-up-Vincent-Smoothie 22

E
Erdbeeren
    Pink-Power-Smoothie 45
Erdnüsse
    Sate-Blackseed-Kurkuma-Chickpeas 110
    Sniggers-Brownies mit perversem Frosting 155

F
Fenchel
    Belugalinsensalat 69
    Semmelknödel mit Kokos-Bärlauch-Sauce
    und Bratgemüse 133

G
Grünkohl
    Grünkohl-Super-Bowl 55
Gurke
    Classic Burger mit Lupinen-Seitan-Pattie 93
    Ginger-Lime-„Beer" 169

H
Haferflocken
    Pfannecakes mit Schoko-Peanut-Sauce 31
Haselnüsse
    Notella-Affenbrot 32, 64
Heidelbeeren
    Beerenkuchen 161
Hirse
    Lauwarmer Hirsesalat 53

J
Johannisbeeren
    Beerenkuchen 161
    Pink-Power-Smoothie 45

K
Karotten
    Balsamico-Möhren 60
    Karotten-Ingwer-Suppe 72
    Karottenkuchen 162
    Lauwarmer Hirsesalat 53

Mangoldsalat 56
Misosuppe 70
Red Pesto 104
Seitangeschnetzeltes mit Dinkel-Bandnudeln
und Rotkohlsalat 147
Semmelknödel mit Kokos-Bärlauch-Sauce
und Bratgemüse 133
Vurstwrap 38
Würziges Ofengemüse mit Avocado-Dip 120
Kartoffel
    Bohneneintopf mit Extravurst 123
    Karotten-Ingwer-Suppe 72
    Kartoffelsalat mit roten Linsen
    an Pflaumen-Balsamico-Vinaigrette 59
Kichererbsen
    Grünkohl-Super-Bowl 55
    Kicher-Burger 87
    Kichererbsen-Tahini-Salat 51
    Saté-Blackseed-Kurkuma-Chickpeas 110
    Topinki – knuspriges Knoblauchbrot mit Pilzen 90
Kürbis
    Butternusskürbis-Linsen-Aufstrich 106
    Grünkohl-Super-Bowl 55
    Würziges Ofengemüse mit Avocado-Dip 120

L
Lauch
    Gemüsequiche 119
    Pfannekuchen mit Sahne-Lauch-Quatsch 126
    Seitangeschnetzeltes mit Dinkel-Bandnudeln
    und Rotkohlsalat 147
    Semmelknödel mit Kokos-Bärlauch-Sauce
    und Bratgemüse 133
Leinsamen
    Easy-Chia-Leinsamen-Walnuss-Chili-
    Dinkelvollkornbrot 25
Linsen
    Belugalinsensalat 69
    Butternusskürbis-Linsen-Aufstrich 106
    Kartoffelsalat mit roten Linsen an Pflaumen-
    Balsamico-Vinaigrette 59
    Tomaten-Linsen-Kokos-Suppe 75

M
Mandeln
    Almond Mc Choc 29
Mango
    Mango-Basilikum-Limo 169
    Walnuss-Mango-Sandwich 83
Mangold
    Mangoldsalat 56
Misopaste
    Misodressing 65
    Misosuppe 70

P

Paprika
 Gefüllte polnische Paprika 112
 Kichererbsen-Tahini-Salat 51
 Lasagne 137, 139
 Würziges Ofengemüse mit Avocado-Dip 120

Pekannüsse
 Bittersalat mit karamellisierten Pekannüssen 63

Pilze
 Blackbean Burger im Laugenbrötchen
 mit Senfmayonnaise 97
 Gemüsequiche 119
 Misosuppe 70
 Seitangeschnetzeltes mit Dinkel-Bandnudeln
 und Rotkohlsalat 147
 Sloppy-Vince 79, 80
 Topinki – knuspriges Knoblauchbrot mit Pilzen 90
 Würziges Ofengemüse mit Avocado-Dip 120

Pinienkerne
 „Blubb"-Nudeln 116
 Pfannekuchen mit Sahne-Lauch-Quatsch 126
 Red Pesto 104

Pistazien
 Beerenkuchen 161

Q

Quinoa
 Grünkohl-Super-Bowl 55

R

Räuchertofu
 „Blubb"-Nudeln 116
 Bohneneintopf mit Extravurst 123
 Dinkelspaghetti mit Roter Bete und Räuchertofu 130
 Gemüsequiche 119
 Scrambled Tofu-„Rührei" 26
 Sloppy-Vince 79, 80

Rote Bete
 Blackbean Burger im Laugenbrötchen
 mit Senfmayonnaise 97
 Dinkelspaghetti mit Roter Bete und Räuchertofu 130
 Vurstwrap 38
 Würziges Ofengemüse mit Avocado-Dip 120

Rotkohl
 Seitangeschnetzeltes mit Dinkel-Bandnudeln
 und Rotkohlsalat 147

S

Schokolade
 Chocolate Nugat Balls 'n' Stuff 150
 Karottenkuchen 162
 Sniggers-Brownies mit pervesem Frosting 155
 Weiße Schoki-Minz-Riegel 153

Seitan
 Classic Burger mit Lupinen-Seitan-Pattie 93
 Seitangeschnetzeltes mit Dinkel-Bandnudeln
 und Rotkohlsalat 147

Spinat
 „Blubb"-Nudeln 116
 Green-Ginger-Smoothie 35
 Kicher-Burger 87
 Vurstwrap 38

Süßkartoffel
 Grünkohl-Super-Bowl 55
 Würziges Ofengemüse mit Avocado-Dip 120

T

Tahini
 Butternusskürbis-Linsen-Aufstrich 106
 Hummus ohne Kichererbsen 105
 Kicher-Burger 87
 Kichererbsen-Tahini-Salat 51

Tofu Natur
 Gefüllte polnische Paprika 112
 Misosuppe 70
 Scrambled Tofu-„Rührei" 26
 Walnuss-Mango-Sandwich 83

Tomate
 Auberginenauflauf in Tomatensauce
 mit Cashew-Parmesan 144
 „Blubb"-Nudeln 116
 Chili-Bier-Sauce 105
 Classic Burger mit Lupinen-Seitan-Pattie 93
 Green Massaker 125
 Lasagne 137, 139
 Lauwarmer Hirsesalat 53
 Red Pesto 104
 Sloppy-Vince 79, 80
 Tomaten-Linsen-Kokos-Suppe 75
 Tortas-Sandwich 98
 Walnuss-Mango-Sandwich 83

W

Wakame-Algen
 Misosuppe 70

Walnüsse
 Chocolate Nugat Balls 'n' Stuff 150
 Easy-Chia-Leinsamen-Walnuss-Chili-
 Dinkelvollkornbrot 25
 Walnuss-Mango-Sandwich 83

Z

Zucchini
 Hummus ohne Kichererbsen 105
 Lasagne 137, 139
 Semmelknödel mit Kokos-Bärlauch-Sauce
 und Bratgemüse 133
 Würziges Ofengemüse mit Avocado-Dip 120

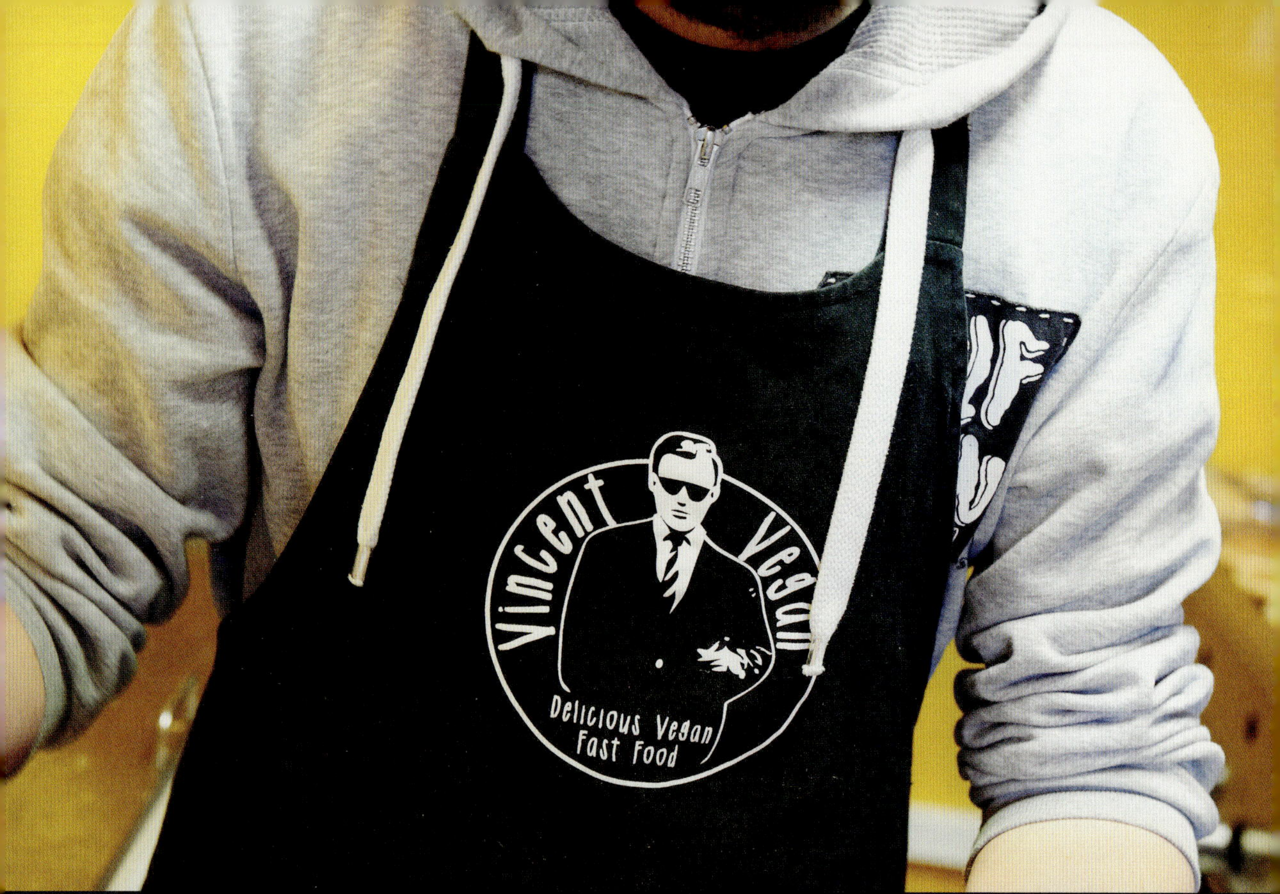
Vincent Vegan
Delicious Vegan Fast Food

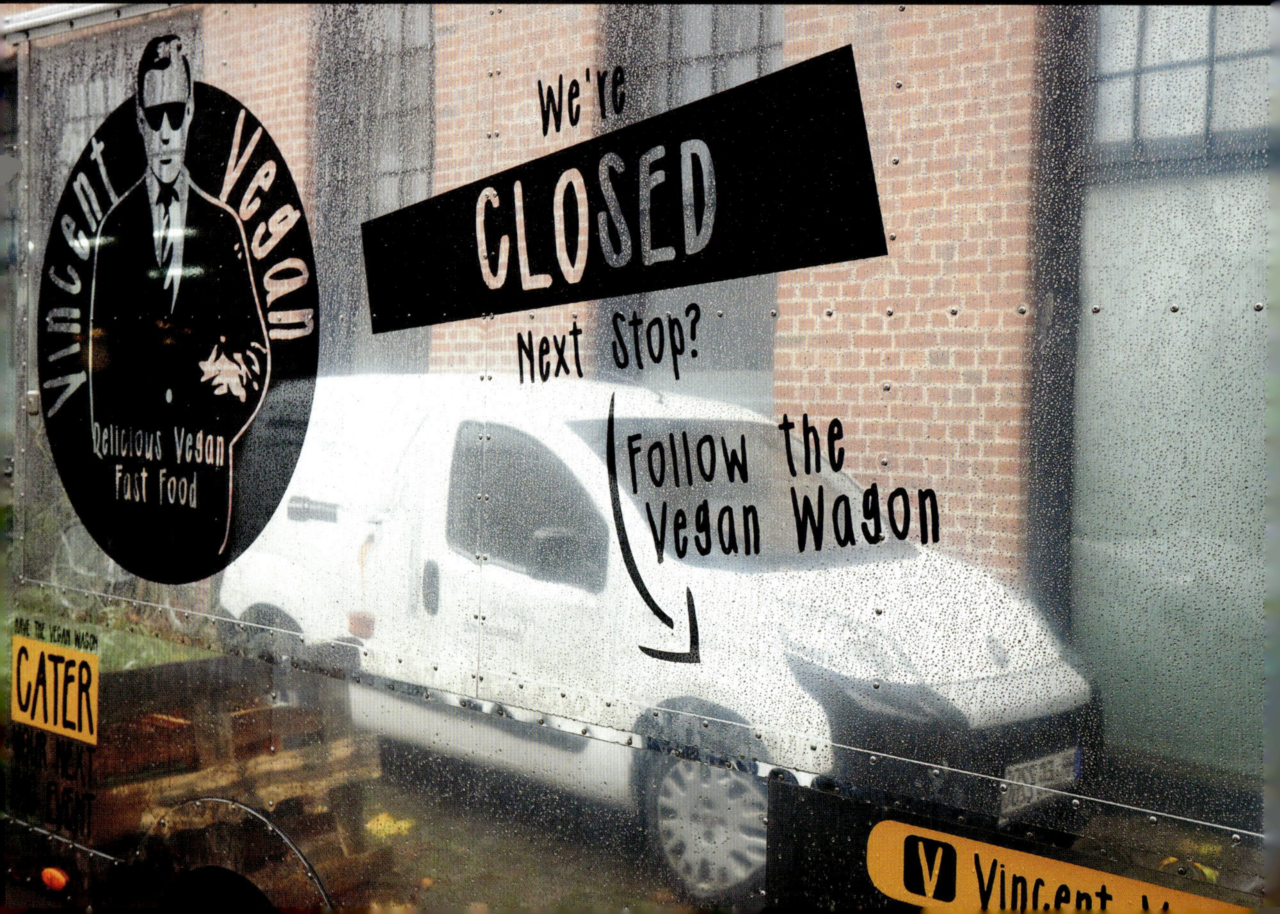
Vincent Vegan
Delicious Vegan Fast Food
We're
CLOSED
Next Stop?
Follow the Vegan Wagon
CATER

Impressum

Produktmanagement: Annemarie Heinel
Textredaktion: Doreen Köstler
Korrektur: Susanne Langer
Layout und Umschlaggestaltung: Helena Hofmann
Satz: Silke Schüler
Illustrationen: Helena Hofmann
Repro: Repro Ludwig, Zell am See
Herstellung: Bettina Schippel
Text und Rezepte: Aline Walther, Carina Zieroth, Carolin Ludwigs, Christian Kuper, Daniel Vollstedt, Merle Lange, Natalie Winz, Robert Kannler, Topias Rohde
Vielen Dank an Simon Schulz für das Poem!
Fotografie: Maria Brinkop
Styling: Maria Brinkop, Kai Dönges
Assistenz: Kai Dönges

Printed in Italy by Printer Trento

Sind Sie mit diesem Titel zufrieden? Dann würden wir uns über Ihre Weiterempfehlung freuen.
Erzählen Sie es im Freundeskreis, berichten Sie Ihrem Buchhändler oder bewerten Sie bei Onlinekauf. Und wenn Sie Kritik, Korrekturen, Aktualisierungen haben, freuen wir uns über Ihre Nachricht an Christian Verlag, Postfach 40 02 09, D-80702 München

Unser komplettes Programm finden Sie unter

Alle Angaben dieses Werkes wurden von den Autoren sorgfältig recherchiert und auf den neuesten Stand gebracht sowie vom Verlag geprüft. Für die Richtigkeit der Angaben kann jedoch keine Haftung übernommen werden.

Die Deutsche Nationalbibliothek verzeichnet diese Publikation in der Deutschen Nationalbibliografie; detaillierte bibliografische Daten sind im Internet über http://dnb.d-nb.de abrufbar.

© 2016 Christian Verlag GmbH, München
Alle Rechte vorbehalten.

ISBN 978-3-86244-993-4

Ebenfalls erhältlich ...

ISBN 978-3-86244-694-0

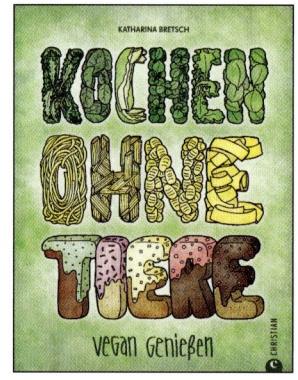

ISBN 978-3-86244-180-8

ISBN 978-3-86244-507-3

ISBN 978-3-86244-592-9

ISBN 978-3-86244-259-1

ISBN 978-3-86244-591-2

ISBN 978-3-86244-666-7

ISBN 978-3-86244-682-7

ISBN 978-3-86244-672-8

www.christian-verlag.de